공부가 되는
사회
2

〈공부가 되는〉 시리즈 56

공부가 되는
사회 2 경제

초판 1쇄 발행 2015년 2월 9일
초판 2쇄 발행 2017년 9월 18일

지은이 조한서

책임편집 김설아
책임디자인 유영준

펴낸이 이상순
주　간 서인찬
편집장 박윤주
기획편집 한나비, 김한솔
디자인 이민정
마케팅 홍보 이상광, 이병구, 김수현, 오은애
펴낸곳 (주)도서출판 아름다운사람들
주소 (413-756) 경기도 파주시 회동길 103
대표전화 (031)955-1001 **팩스** (031)955-1083
이메일 books777@naver.com
홈페이지 www.books114.net

ⓒ2015 조한서
ISBN 978-89-6513-347-6 74320
ISBN 978-89-6513-345-2 74300 (세트)

◎ 파본은 구입하신 서점에서 교환해 드립니다.
　이 책은 저작권법에 의하여 보호를 받는 저작물이므로 무단 전재와 복제를 금합니다.

공부가 되는 사회

2 경제

지음 조한서

아름다운사람들

공부가 되는
사회 2 경제

아이들이 《공부가 되는 사회》를 읽으면 좋은 이유 … 6

1. 경제야 놀자 … 8

경제가 뭐지? 10 | 재화와 서비스를 만드는 생산 13
생산한 것을 나누는 분배 17 | 분배된 소득을 사용하는 소비 20
'희소성'이 뭐지? 23 | 선택을 잘해야 돼 28 | 미래를 위한 준비 33

2. 시장에서 놀자 … 36

시장이 뭐지? 38 | 시장이 몰고 온 변화 42
가격이 오르락내리락 47 | 이런 시장도 다 있네 51

3. 경제의 밑거름, 자원 … 58

에너지 자원이 중요해 60 | 주목받은 신재생 에너지 64
자원을 둘러싼 경쟁 67 | 풍부한 자원의 두 얼굴 71 | 신재생 에너지의 개발과 이용 75

4. 경제가 성장하면 무엇이 좋아질까? … 82

우리나라는 얼마나 잘사는 나라일까? 84 | 경제 성장의 두 얼굴 88
물가와 물가 지수의 마술 91 | 물가가 오르면 어떻게 되지? 94 | 실업 문제를 해결해야 돼 99

5. 세계는 하나의 시장 … 102

국제 거래를 알아볼까? 104 | 국제 거래는 왜 할까? 107
환율과 국제 수지를 알아볼까? 113 | 세계가 작아지다 118 | 세계화와 다국적 기업 123
농업에 불어닥친 세계화의 바람 126 | 행복한 지구촌을 위해서 129

아이들이
《공부가 되는 사회》를
읽으면 좋은 이유

1 우리 사회가 어떻게 돌아가는지
사회 전체의 흐름을 알 수 있습니다

민주주의란 무엇일까요? 좋은 정치란 무엇일까요? 대통령은 무슨 일을 할까요? 시장은 어떻게 생겨났으며, 물가는 왜 오르락내리락할까요? 우리나라는 얼마나 잘사는 나라일까요? 경제가 성장하면 무엇이 좋아질까요? 우리가 행복해지려면 사회의 어떤 도움이 필요할까요? 행복한 사회가 되기 위해서 우리는 어떤 역할을 해야 할까요?
신문이나 텔레비전에 나오는 뉴스, 우리 일상에서 자주 듣지만 실제로는 제대로 알지 못하는 이야기입니다. 《공부가 되는 사회》는 이처럼 어려운 정치·경제·사회 전반을 이해하고 흐름을 알 수 있도록 만들었습니다. 거대하고 복잡한 우리 사회가 정치적·경제적·사회적·문화적 영역에서 어떤 흐름으로 움직이는지, 또 사회가 제대로 작동하기 위하여 정치와 법 그리고 공동체가 어떤 기능과 역할을 수행하고 있는지, 이러한 사회적 제도는 우리에게 어떤 영향을 미치고 있으며 우리는 어떻게 참여하고 있는지, 우리 사회 전체의 큰 흐름을 이해할 수 있도록 구성하였습니다.

2 사회를 알아야 사회의 훌륭한 주인이 될 수 있습니다

플라톤은 '민주주의는 다수결의 원칙을 따르기 때문에, 다수의 사람들이 잘못된 선택을 하더라도 막을 수 없는 것이 가장 큰 단점이다.'라고 한 바 있습니다. 그렇기 때문에 민주주의에서 무엇보다 중요한 것은 사회 구성원의 똑똑한 시민 의식이라는 말도 더하였습니다.

행복한 사회를 만들어 가기 위해서는 먼저 사회를 구성하는 시민들이 올바른 판단을 내릴 수 있는 능력이 있어야 합니다. 그런 다음 사회 참여를 통해 실현하는 것이 중요합니다. 그러려면 정치·경제·사회·문화에 대한 기초 지식과 교양이 필요합니다. 《공부가 되는 사회》는 우리 사회의 훌륭한 주인이 될 수 있는 기초 교양을 제공해 주며, 훌륭한 시민으로 성장할 수 있는 밑거름이 되어 줍니다.

3 어려운 사회 개념을 쉽게 이해할 수 있습니다

입법부, 행정부, 사법부는 어떤 기능을 하고 어떤 원리로 작동될까요? 대통령제와 의원 내각제는 어떻게 다르며, 우리나라는 왜 대통령제를 채택했을까요? 지방 자치 제도는 무엇이고, 복지는 무엇일까요? 환율과 국제 수지, 분배와 성장, 재화와 서비스, 희소성은 무엇일까요?

《공부가 되는 사회》는 사회 교과서에 등장하는 어려운 사회 개념을 암기가 아니라 사회 전반의 흐름과 배경지식을 통해 깨우치도록 구성해, 쉽게 이해할 수 있고 일상생활에서 활용할 수 있도록 똑똑하게 알려 줍니다.

4 공부의 즐거움을 깨치는 〈공부가 되는〉 시리즈

〈공부가 되는〉 시리즈는 공부라면 지겹게만 여기는 우리 아이들에게 '아, 공부가 이렇게 즐거운 것이구나!' 하는 것을 깨우쳐 줍니다. 아울러 궁금한 것이 많은 우리 아이들의 지적 호기심도 해결해 주는 시리즈입니다. 공부의 맛과 재미는 탄탄한 기초 교양의 주춧돌 위에 세울 때 그 효과가 배가됩니다. 그리고 이 기초 교양은 우리 아이들이 학습에서 자기 주도적 능력을 발휘하는 데 큰 밑거름이 됩니다. 《공부가 되는 사회》는 우리 사회의 흐름을 알고 이해하는 과정을 통해, 사회를 통찰하는 깊이 있는 안목과 사회에 대한 판단력과 사고력을 키워 훌륭한 사회인으로 성장할 수 있도록 만들었습니다.

1

경제야
놀자

경제란 무엇일까? 뉴스에 나오는 어른들이 말하는 것? 엄마 아빠가 일을 하고 돈을 벌어 오는 것? 그렇다면 어른이 될 때까지 우리는 경제와 상관이 없는 것일까? 그렇지는 않아. 경제는 우리의 일상생활 속에서 늘 이루어지고 있어. 아직 어린 우리도 경제생활을 하고 있지. 지금부터 경제란 무엇인지 하나하나 짚어 보자꾸나.

경제가 뭐지?

경제를 축구공이나 인형처럼 눈으로 보거나 손으로 만져 본 사람이 있을까? 아마 없을걸?

그래, 경제는 눈으로 보거나 손으로 만질 수 없는 거야. 그래서 '경제가 뭐지?' 하는 질문을 받으면 얼른 대답하기가 쉽지 않아. 그러나 우리는 매일매일 경제와 더불어 살아가고 있다고 해도 그리 틀린 말은 아니지.

아버지가 직장에 나가 일하고 그 대가로 급료를 받는 일, 가족이 함께 식당에 가서 맛있는 음식을 사 먹는 일, 엄마 심부름을 하고 용돈을 받는 일, 그 용돈으로 책을 사는 일, 그 책을 다

읽고 친구가 가진 책과 바꿔 읽는 일, 동생과 아이스크림을 사 먹는 일……. 이런 일이 모두 경제란다.

무인도에 혼자 떨어진 로빈슨 크루소가 가장 먼저 했던 일은 무엇일까? 살아가기 위해서는 무엇이든 먹어야 하니까, 가장 먼저 먹을거리를 찾으려고 노력했을 거야. 그다음은 비바람이라도 막아 줄 잠자리가 필요하지 않았겠니? 그래서 잠자리를 구했겠지.

로빈슨 크루소가 살아남기 위해서 했던 이런 일도 모두 경제라고 할 수 있어. 1권에서 정치 이야기를 하면서, '정치란 많은 사람이 더불어 살아갈 때 필요한 것이고, 로빈슨 크루소처럼 무인도에서 혼자서 살 경우에는 정치가 필요하지 않다.'는 이야기를 했지? 그렇지만 혼자 살게 된 로빈슨 크루소에게도 경제는 필요했어.

이번에는 〈개미와 베짱이〉 이야기를 해 볼까? 〈개미와 베짱이〉 이야기는 무더운 날씨에도 열심히 먹이를 모으는 개미를 부지런한 동물로, 개미가 일하는 동안 나무 그늘에서 노래나

〈로빈슨 크루소〉를 쓴 작가, 디포

부르는 베짱이를 게으른 동물로 표현하고 있지. 그러나 '경제'라는 틀에 맞춰 보면 베짱이가 하고 있는 일도 경제 활동이라고 할 수 있어.

다른 예를 들어 볼게.

우리 외삼촌은 전자 제품을 만드는 회사에 다녀. 외삼촌이 회사에 나가 스마트폰 만드는 일은 당연히 경제 활동이겠지? 또 가수가 텔레비전에 나와 노래를 부르는 것도, 연극배우가 무대에서 연극을 하는 것도 경제 활동이야. 이렇게 보면 개미가 먹이를 모으는 일처럼, 베짱이가 나무 그늘에서 노래를 부르는 일도 경제 활동이 되는 거지.

경제라는 것, 좀 헷갈리고 알쏭달쏭하지? 그럼, 경제가 무엇인 좀 더 구체적으로 알아보도록 할까?

재화와 서비스를 만드는 생산

옷, 집, 자동차, 장난감처럼 우리가 살아가는 데 필요하고 만족을 느끼게 하는 물건을 '재화'라고 해. 그리고 재화를 만들어 내는 것을 생산이라고 하지.

그러나 자동차나 장난감처럼 눈에 보이고 손으로 만질 수 있는 물건인 재화를 만드는 것만이 생산은 아냐. '서비스'라는 또 다른 생산 활동이 있어.

선생님이 학교에서 공부를 가르치는 일, 의사가 환자를 치료하는 일, 세탁소에서 옷을 세탁해 주는 일, 슈퍼마켓에서 산 물건을 배달해 주는 일 등이 바로 서비스야.

서비스는 재화처럼 눈에 보이거나 손으로 만질 수는 없지만, 우리가 살아가는 데 필요한 것을 제공해 주고 만족을 준다는 점에서는 재화와 똑같아. 그래서 서비스 역시 생산 활동으로 꼽고 있단다.

앞에서 베짱이가 나무 그늘에서 노래를 부르는 것을 생산 활동이라고 한 이유도 그 때문이야. 베짱이는 노래라는 서비스를 생산하고 있는 거지. 서비스는 다른 말로 '용역'이라고도 해.

생산은 밤나무 밑에서 알밤을 줍듯 그냥 이루어지는 것이 아니야. 사람들이 재화나 서비스를 이용할 수 있도록 만들어 나오

기까지는 많은 것이 필요해. 옷이라는 재화를 만들려면 먼저 옷감이 있어야 하고, 옷 만드는 기계와 기계를 설치한 공장 그리고 공장에서 옷 만드는 일을 할 사람도 있어야 하지.

재화뿐 아니라 서비스도 마찬가지야. 선생님이 학교에서 학생을 가르치는 서비스를 위해서는 먼저 교실이 있어야 하고, 칠판과 책상은 물론 컴퓨터도 있어야 돼. 이처럼 재화와 서비스의 생산을 위해 반드시 필요한 것을 '생산 요소'라고 해.

생산 요소에는 특별히 중요한 세 가지가 있어. 바로 '노동' '토지' '자본'이야.

노동이란 재화와 서비스를 생산하는 데 필요한 사람의 일손을 말해. 노동은 농사를 짓는 것처럼 몸을 이용해서 일하는 육체노동, 특별한 기술을 가진 사람이 기술을 이용해서 일하는 기술 노동, 머리를 써서 일하는 정신노동으로 구분할 수 있어.

토지를 순수한 우리말로 하면 땅이잖아? 농사꾼이 육체노동을 해서 농사를 지으려면 땅(농토)이 있어야 하고, 공장을 지으려면 공장 터가, 가게를 할 때도 가게 터가 있어야 돼. 이처럼 생산 활동을 위해 필요한 땅이 토지야.

자본은 생산 활동을 위해 필요한 돈을 말해. 생산 활동을 하려면 필요한 재료를 사야 하고, 기계를 설치해야 하고, 공장을

지어야 하고, 일하는 사람들에게 급료도 주어야 해. 이 모든 과정에는 돈이 필요하지. 이런 돈이 자본이야.

서비스를 생산하는 데에도 자본이 들어가기는 마찬가지야. 선생님이 학생을 가르치는 서비스를 위해서는 교실을 지어야 하고, 칠판과 책상과 컴퓨터를 사야 하고, 선생님한테 월급도 드려야 하니까.

생산 활동을 위해 꼭 필요한 위의 세 가지 노동, 토지, 자본을 '생산의 3요소'라고 해.

생산한 것을 나누는 분배

생산 활동으로 재화와 서비스를 생산하는 이유는 많은 사람에게 판매하여 이익을 남기기 위해서야. 자동차 공장에서 자동차를 만드는 것은 회사 사장이나 회사에서 일하는 사람들이 타려고 만드는 게 아니잖아. 자동차를 판매하여 이익을 남기기 위해서지.

이렇게 남긴 이익금은 회사 사장을 비롯해서 자동차 생산에 참여한 사람들에게 일한 대가, 곧 급료를 지불하는 데 사용해. 재화의 생산만 그런 것이 아니라 서비스도 마찬가지야. 가수가 방송에 나와 노래를 부르면, 많은 사람이 그 서비스를 즐기고 가수는 출연료라는 대가를 받게 되지.

이처럼 재화와 서비스를 생산한 대가를 생산에 참여한 사람들이 나누어 가지는 것을 '분배'라고 해.

분배는 주로 소득을 통해 이루어져. 공장에서 일하는 사람들은 노동력을 제공한 대가로 급료를 받아 소득을 얻지. 공장 지을 터를 빌려준 사람은 지대(땅을 빌려준 대가)를 받아 소득을 올리고. 또 공장 지을 돈이나 회사 운영에 필요한 자금을 빌려준 사람은 이자를 받아 소득을 올려. 소득의 분배는 이처럼 여러 방법으로 이루어진단다.

소득이 분배되는 몫도 모두 똑같지는 않아. 개인이 타고난 능력의 차이, 생산 과정에서 어떤 역할을 했느냐의 차이, 교육받은 정도의 차이, 노력의 차이 등 여러 이유를 바탕으로 소득을 분배받는 몫이 달라지지.

이와 같은 차이 때문에 나타나는 것이 '빈부의 격차'야. 빈부의 격차는 재산이 많은 부유한 사람과 가난한 사람의 차이를 말해.

돈이 많은 사람은 그 돈을 이용해서 더욱 많은 돈을 벌어 더 큰 부자가 될 수 있어. 그러나 가난한 사람은 돈이 없어서 제대로 교육받을 기회도 가지기 힘들고 좋은 일자리도 얻기 힘들어져서 더욱 가난해지는 경우가 많아. 이처럼 부자와 가난한 사람

의 차이가 더욱 커지는 것을 '양극화'라고 해.

양극화는 개인의 노력만으로는 해결하기 힘든 문제야. 또 양극화가 심해질수록 가난한 사람은 자신의 미래에 희망을 가지기 힘들고 불만도 쌓여 가기 때문에 심각한 사회 문제가 되지. 그래서 정부가 나서서 양극화 해결을 위해 적극적으로 노력하지 않으면 안 돼.

정부가 할 수 있는 노력으로는 '소득의 재분배'가 있어. 소득이 많거나 재산이 많은 사람에게 세금을 더 많이 거두는 거야. 그리고 이 돈으로 가난한 사람들의 생활비나 교육비, 의료비 등을 지원해 주는 것을 소득의 재분배라고 해.

분배된 소득을 사용하는 소비

이번에는 '소비'를 알아볼까?

생산된 재화와 서비스를 이용하는 것을 소비라고 해. 자동차 공장에서 생산한 자동차를 사서 타고 다니는 일 같은 것이 소비라는 이야기야.

소비는 우리가 살아가는 데 꼭 필요해. 먹을 것과 입을 것을 사야 되고, 학교에 가서 공부하려면 학용품과 가방 같은 것도 사야 돼. 또 휴식과 오락을 위해 놀이공원에도 가고, 몸이 아프면 병원에 가서 진료를 받아야 하지. 이런 일이 모두 소비야.

우리가 재화와 서비스를 생산하는 것도 바로 소비를 위해서라고 할 수 있어. 그리고 소비가 활발히 이루어지면 소비를 위한 재화와 서비스의 생산이 늘어나서 그만큼 경제가 발전하게 되지.

하지만 소비를 위해서는 꼭 필요한 것이 있어. 바로 소득이야. 돈이 있어야 소비를 할 수 있으니까. 그래서 사람들은 여러 방법으로 소득을 올리고 있어.

농사짓는 사람은 농산물을 팔아서, 어부는 물고기를 잡아 팔아서 소득을 올려. 또 가수는 노래를 불러서 소득을 올리고, 회사에 다니는 사람은 급료를 받아서 소득을 올리지. 이처럼 일한 대가로 얻는 소득을 '근로 소득'이라고 해.

그 밖에도 소득에는 돈이나 땅 또는 건물을 빌려주고 그 대가로 소득을 얻는 '자산 소득', 회사나 공장 등을 경영해서 얻는 '사업 소득', 회사를 그만둔 후 퇴직금이나 연금을 받아 소득을 얻는 '이전 소득' 등이 있어.

그럼 '소비가 활발히 이루어지면 소비를 위한 재화와 서비스의 생산이 늘어나서 그만큼 경제가 발전한다.'고 했으니, 소득을 몽땅 소비해 버리는 것이 좋은 행동일까?

부모님께 용돈 받을 때를 생각하면 대답이 금방 나올 거야. 부모님께 용돈을 받아 당장 몽땅 써 버리면, 나중에 정말 돈이

필요한 일이 생길 때는 곤란을 겪게 되지. 그러므로 당장은 꼭 필요한 데에만 쓰고, 나머지는 가지고 있다가 다른 필요한 일이 생길 때 쓰는 것이 현명한 선택이잖아?

소득도 마찬가지야. 사람들은 소득이 생기면 모두 쓰지 않고, 앞으로 쓸 일이 생길 때를 대비해서 일부를 모아 두지. 이것을 '저축'이라고 해.

저축을 한다고 돈을 그냥 집에 보관하는 사람은 없을 거야. 대부분은 은행에 맡기지. 그게 더 안전하고 이자도 붙으니까.

은행에 돈을 맡기면, 은행은 다시 돈을 기업이나 돈이 필요한 사람에게 빌려줘. 그리고 기업은 이 돈으로 공장을 짓고 새로운 상품도 개발하지. 그래서 기업 활동이 활발해지면 일자리가 늘어나고 노동자의 소득도 많아져서 나라 경제가 발전하게 돼. 소비뿐 아니라 저축도 경제를 발전시키는 데 도움이 된다는 이야기야.

지혜로운 소비 생활을 하고 저축도 하는 것은 이처럼 개인의 행복을 위해서는 물론, 경제 발전을 위해서도 크게 도움이 되는 일이란다.

'희소성'이 뭐지?

생산과 분배와 소비를 배웠으니, 경제란 무엇인지 한 번 더 정리해 볼까?

'사람이 살아가는 데 필요한 재화와 서비스를 만들고(생산), 나누고(분배), 쓰는(소비) 활동이 되풀이해서 이루어지는 것'을 경제라고 해.

공장에서 물건을 만드는 일(생산), 회사에 나가 일을 하고 월급을 받는 일(분배), 그리고 영화관에 가서 영화를 보거나 짜장면을 사 먹거나 엄마 심부름을 해서 용돈을 받아 아이스크림을 사 먹는 일(소비)이 모두 경제 활동이라는 이야기야. 그리고 이런 일이

한 번에 끝나지 않고 되풀이해서 이루어지는 것을 경제라고 해.

그런데 경제에는 해결하기 쉽지 않은 문젯거리가 있어. 바로 선택이라는 문제야.

용돈이 얼마든지 있다면 어떨까? 거기다 시간까지 얼마든지 있다면? 참 행복한 상상이지. 용돈이 얼마든지 있다면 가지고 싶은 것을 무엇이든 살 수 있으니, 이것을 살까 저것을 살까 망설일 필요가 없어. 또 시간까지 넉넉하니 무슨 일이든 하고 싶은 일을 다 할 수 있어. 선택할 필요가 없다는 이야기야.

그렇지만 우리가 살아가고 있는 모습은 그와 반대야. 가지고 싶은 것과 하고 싶은 일은 끝이 없지만, 가질 수 있는 것과 할 수 있는 일은 한정되어 있어. 좀 어려운 말로 표현하자면 '우리의 욕구는 끝이 없지만, 이러한 욕구를 충족시켜 줄 수 있는 자원은 한정되어 있다.'는 이야기란다. 이처럼 욕구는 끝이 없는데, 이것을 충족시켜 줄 자원이 부족한 것을 '희소성'이라고 해.

예를 들어 설명해 볼까?

'예쁘고 발 편한'이라는 어린이용 운동화를 새로 판매하기 시작했어. 상품 이름처럼 정말 모양도 예쁘고 발이 편해서 너도나도 이 운동화를 사 신었지. 그 바람에 공장에서 필요한 만큼 운동화를 만들어 내지 못해 운동화를 사기 어려워졌어. 그렇게 되면 '예쁘고 발 편한' 운동화는 희소성을 띠게 되는 거야.

'선택의 문제'는 바로 이러한 희소성 때문에 일어나는 것이지. 운동화가 많이 낡아서 빨리 새 운동화를 사 신어야겠는데, 꼭 신고 싶은 '예쁘고 발 편한' 운동화는 희소성 때문에 살 수가 없어.

이럴 때는 어떡해야 할까? 운동화가 낡았으니 다른 운동화라도 사 신을까, 아니면 '예쁘고 발 편한' 운동화가 공장에서 다시 나올 때까지 기다려야 할까? 희소성 때문에 우리는 자주 이런 선택의 문제에 부딪치게 돼.

또 선택에는 비용이 따르게 되지. 다시 예를 들어 볼까?

친구도 나도 엄마한테 용돈을 받았어. 친구는 신이 나서 영화를 보러 가자고 해. 인기 있는 만화 영화를 상영하고 있거든.

나는 물론 영화를 보고 싶지만 책도 사 보고 싶어. 내가 재미있게 보고 있는 우주 공상 과학 동화 시리즈의 셋째 권과 넷째 권이 새로 나왔거든. 영화도 보고 책도 사 보면 좋겠지만, 둘 다 하려면 용돈이 부족할 거 같아.

또다시 선택의 문제에 맞닥뜨린 거야. 친구가 원하는 대로 영화 구경을 가면 영화관 입장료와 시간이라는 비용이 들어가지.

그리고 이 돈으로 보고 싶은 책을 사 보지 못하는 비용도 따르게 돼. 선택에는 이처럼 늘 비용이 들어가게 마련이야. 영화 관람료로 들어간 돈은 당연히 비용이지만, 경제에서는 포기해야 하는 쪽의 돈과 시간도 비용으로 계산하고 있어.

그런데 희소성은 재화와 서비스가 부족할 때만 일어나는 것이 아냐. 물건이 아무리 적어도 사람들이 원하지 않는다면, 그 재화는 희소성이 없어.

'예쁘고 발 편한'이라는 운동화가 잘 팔리자 다른 회사에서 '씽씽'이라는 새로운 제품을 내놓았어. '씽씽'은 '예쁘고 발 편한'보다 값이 싸고 품질도 뛰어나기 때문에 사람들은 '씽씽'을 사서 신기 시작했어.

'예쁘고 발 편한' 운동화를 만드는 회사는 물건이 안 팔리자 점점 생산을 줄였어. 그래서 차츰 시장에서 자취를 감추게 되었지. 하지만 이때는 '예쁘고 발 편한' 운동화에 희소성이 있다고 하지 않아. 사람들이 더는 그 운동화를 찾지 않기 때문이야.

또 희소성은 재화나 서비스의 가격을 결정하는 데 중요한 역할을 해. 가령 중동 지방에서는 생수 가격이 석유 가격보다 더 비싸다고 하잖니? 그것은 석유에 비해 생수의 희소성이 크기 때문이야.

바닷가재가 용 된 이야기

바닷가재는 고급 요리를 만드는 식품으로 알려져 있지. 그러나 한때는 밭에 비료로 사용하고, 바닷가재의 집게발은 낚싯바늘로 쓸 만큼 천대받던 시절도 있었어. 또 바닷가재 때문에 농장 근로자들이 파업한 적도 있었다고 해. 미국이 영국 식민지였던 시절에 매사추세츠 주에서 생긴 일이었어. 먹기 싫은 싸구려 바닷가재 음식만 준다는 이유에서였지.

그 무렵에는 바닷가에서 얼마든지 주워 담을 수 있을 만큼 바닷가재가 널려 있었다고 해. 그래서 가난한 사람이나 하인이 주로 먹는 음식이었지. 죄수에게도 질리도록 바닷가재 음식을 주었고, 인디언은 밭의 비료로 바닷가재를 사용할 정도였어. 이 시절의 미국 사람에게 바닷가재는 가난의 상징이었던 거야.

바닷가재를 너무 많이 준다며 파업했던 농장 근로자들은 결국 '일주일에 세 번 이상 바닷가재 음식을 식탁에 올리지 않는다.'는 조건으로 농장 주인과 타협하고 파업을 끝냈다고 해.

이처럼 천대받던 바닷가재가 프랑스 상류층의 고급 요리에 쓰는 재료라는 사실이 알려지면서 재화로서의 가치가 달라졌어. 사람들은 너도나도 바닷가재 요리를 찾기 시작했어. 그리고 바닷가재의 가격도 예전과 비교할 수 없을 만큼 비싸졌지. 재화의 가치는 어떻게 결정되는지, 희소성이란 무엇인지를 잘 말해 주는 좋은 본보기라고 할 수 있어.

바닷가재는 한자로 '용새우(용하, 龍蝦)'라고 해. 가난의 상징으로 천대받던 바닷가재가 지금은 고급 레스토랑에서 즐기는 부의 상징처럼 되었으니, '바닷가재 용 됐다.'고 할 수도 있을 거야.

선택을 잘해야 돼

우리는 늘 희소성 때문에 어느 한쪽을 선택하면 다른 한쪽을 포기해야 하는 상황에 맞닥뜨린다고 했지?

엄마 심부름을 하고 용돈을 받았어. 그럼 같이 심부름한 친구와 아이스크림을 사 먹을까, 아니면 게임을 하러 갈까? 시원하고 달콤한 아이스크림을 사 먹으면 게임 하는 재미를 포기해야 되지.

오늘은 즐거운 주말이야. 텔레비전에서 재미있는 영화를 하지만 시험이 며칠 안 남았어. 시험을 잘 보려면 공부를 해야 하지만 영화도 보고 싶어. 이때도 한쪽을 선택하면 다른 쪽은 포기해야 돼.

용돈을 많이 받았다면 아이스크림을 사 먹고 게임도 할 수 있겠지만, 그러기에는 용돈이 부족해. 시험공부와 영화도 마찬가지야. 시간만 충분하다면 두 가지를 모두 할 수 있지만, 보통은 희소성 때문에 하고 싶은 일을 모두 할 수가 없어.

우리의 경제생활은 이처럼 어느 하나를 선택하면 다른 쪽을 포기해야 하는 상황의 연속이지. 그리고 포기하는 데에도 비용이 따른다는 이야기를 앞에서 했지? 시험공부를 하려고 영화를 포기했다면, 곧 영화 보는 재미를 포기한 거야. 이때 '영화 보는 재미를 포기한 것'이 비용이라고 생각하면 돼.

어느 한쪽을 선택했기 때문에 포기하게 된 다른 쪽에 따르는 비용을 경제생활에서는 '기회비용'이라고 해. 엄마 심부름을 하고 받은 돈으로 아이스크림을 사 먹었다면, 게임 하는 재미를 즐기지 못한 쪽이 기회비용인 셈이지.

그럼 포기한 것이 여러 가지일 때는 어떻게 될까? 이때는 포기한 여럿 가운데 가장 가치가 큰 것이 기회비용이 돼.

다시 예를 들어 보도록 할까?

외가에 갔다가 외삼촌한테 뜻밖의 많은 용돈을 받았어. '평소 가지고 싶었던 것을 사라.'는 말씀과 함께 말이야.

제일 먼저 머리에 떠오른 건 롤러스케이트였어. 그러다가 농

구공도 사고 싶고 자전거도 사고 싶다는 생각이 들었어. 하지만 이걸 전부 사려면 외삼촌이 준 용돈으로는 부족했지. 그래서 롤러스케이트, 자전거, 농구공을 놓고 망설이다 아주 기특한 생각을 하게 됐어.

이 돈을 몽땅 저축해 두었다가 나중에 더 필요한 곳에 쓰는 편이 좋겠다는 생각 말이야. 얼마 전, 사회 시간에 저축의 중요성에 대해 배웠거든. 그래서 외삼촌한테 받은 돈을 모두 저축했어.

이때는 저축을 했기 때문에 포기한 롤러스케이트와 자전거와 농구공 중에서 가장 가치가 높은 자전거를 포기한 것이 기회비용이야.

기회비용 이야기를 이렇게나 길게 한 이유는 무엇이겠니? 경제생활을 하며 늘 맞닥뜨리는 선택의 문제에서 '어떻게 하는 것이 지혜로운 선택일까'를 설명하기 위해서 아니겠니? 잘못된 선택으로 후회를 했던 경험은 누구나 있을 테니 말이야.

어떤 것을 선택하면, 그 선택에 따른 이득과 만족감이 있게 마련이지. 또 포기한 쪽에는 기회비용이 따르게 돼. 경제에서는 기회비용이 가장 적은 선택을 가장 좋은 선택, 곧 '합리적인 선택'으로 꼽아. 외삼촌이 준 용돈으로 자전거를 사지 못해 아쉬움(기회비용)이 따르기는 했지만, 저축을 한 만족감이 그보다 크다면 합리적인 선택을 한 거야.

합리적인 선택을 위해서는 꼭 챙겨야 할 몇 가지가 있어. '가격'과 '소득'과 '신용'이야.

통장에 저축이 많이 늘어나서 마침내 자전거를 살 수 있게 되었다고 생각해 보자. 자전거를 가지게 된 기쁜 마음에 통장의 돈을 찾아서 가까운 자전거 가게로 달려가 덥석 자전거를 사 버린다면?

이것은 지혜롭고 합리적인 선택이라고 할 수 없어. 자칫 잘못하면 자전거를 비싸게 살 수도 있거든. 이곳저곳 자전거 가게에 들러 가격을 알아보고, 인터넷 쇼핑몰에서 파는 자전거 가격도 알아봐야 해. 친구가 자전거를 얼마에 샀는지도 알아본 후에 사는 것이 지혜로운 선택이고 합리적인 선택이지.

소득도 가격 못지않게 합리적인 선택을 위해서 중요해. 가지고 싶은 물건이나 필요한 물건이라고 해서 소득을 생각하지 않고 무턱대고 샀다가는, 나중에 크게 쪼들리고 빚까지 질 수 있거든.

우리 주변에서도 소득보다 많은 지출로 어려움을 겪고 있는 사람을 어렵지 않게 볼 수가 있어. 자신의 소득을 잘 생각해서 꼭 필요하고 만족감이 큰 것을 골라서 사야 합리적인 선택이 될 수 있지.

합리적인 선택을 하려면 신용에 대해서도 잘 생각해야 돼. A라는 사람이 자신의 수입을 생각하지 않고 고급 승용차를 할부로 구입했어. 그런데 할부금을 제때 내지 못한다면 A라는 사람의 신용은 떨어지게 되지.

이건 어른만의 이야기는 아냐.

B라는 친구가 꼭 가지고 싶은 물건이 있는데, 가진 돈이 부족했어. 그러자 친구한테 돈을 빌려서 그 물건을 샀지. 곧 엄마가 용돈을 줄 테니 그때 갚겠다는 거짓말을 하고서 말이야. 그런데 알고 보니 엄마가 곧 용돈을 줄 거라고 했던 B의 말은 거짓말이었어. 그래서 빌린 돈을 제때 갚을 수 없었지. 이렇게 되면 어른들 세계와 마찬가지로 B라는 친구의 신용도 떨어지게 돼.

그러므로 합리적인 선택을 위해서는 이 선택이 앞으로 자신의 신용에 어떤 영향을 미칠지를 잘 생각해야 한단다.

미래를 위한 준비

경제생활은 어른이 되어야만 하는 것이 아니야. 친구와 아이스크림을 사 먹는 것도, 영화관에 가서 만화 영화를 보는 것도 경제 활동이라고 이야기했잖아. 그러니까 경제생활은 어린 시절부터 죽을 때까지 일생 동안 이루어지는 거지.

또 대부분의 사람들 일생 동안 살아가는 모습이 거의 비슷해. 그래서 미래의 자기 모습을 어느 정도 예측할 수가 있어.

사람의 경제 활동은 보통 어린 시절(유소년기), 청년기, 장년기, 노년기로 나누어 생각해 볼 수 있지.

유소년기는 학교 교육을 거치며 어른이 된 후의 사회생활을 준비하는 시기야. 그래서 본격적인 생산 활동보다는 주로 소비 생활을 하게 되지.

청년기는 갓 어른이 되어 본격적으로 생산 활동에 참여하고, 적지만 소득을 올리는 시기야. 그래서 규모가 크지는 않지만 유소년기보다는 소비가 늘어나게 되지.

장년기는 소득이 크게 늘어나지만 아울러 소비도 늘어나는 시기야. 결혼하고, 아이를 낳아 기르고, 내 집 마련도 해야 하므로 소비가 크게 늘어나거든. 또 나이가 더 들어 소득이 없을 때를 위한 준비도 해야 돼. 그래서 소비를 줄이고 저축을 해야 안정된 노후 생활을 할 수 있지.

노년기는 직장에서 은퇴하고, 준비해 놓은 노후 자금으로 남은 생애를 보내야 하는 시기야. 인간의 수명이 크게 늘어나면서 이 시기를 어떻게 보낼 것인가 하는 중요성이 점점 커지고 있어.

사람마다 크고 작은 차이는 있지만, 일생 동안 살아가는 모습은 이와 같이 거의 비슷해. 그래서 각 시기의 경제생활을 잘 이해하고, 어떻게 사는 것이 바람직한 경제생활인가를 탐구하는 것은 일생을 안정되고 행복하게 살아가기 위해 꼭 필요한 일이야.

특히 어린 시절에 경제생활을 어떻게 몸에 익히느냐는 미래의 경제생활에 많은 영향을 미친단다. '세 살 버릇 여든 간다.'는 속담도 있잖아?

저축이 중요해

어떻게 사는 것이 행복한 삶일까? 하루하루를 마음껏 즐기며 사는 것?

글쎄, 그렇게 사는 것이 당장은 신 나고 행복할지도 모르지. 하지만 이 행복이 계속 이어지기는 힘들 거야. 경제생활에서는 특히 그래.

현재는 물론 미래에도 안정적이고 행복한 삶을 이어 가기 위해 경제생활에서 꼭 필요한 것이 있지. 바로 '저축'이야.

겨울잠 자는 동물 이야기를 해 볼까?

겨울잠을 자는 동물은 겨울에 먹을 식량을 미리 저장해 놓거나 몸속에 비축해 둬. 그래서 먹이를 구하기 힘든 추운 날씨를 뚫고 밖으로 나가 먹이를 구하지 않아도 겨울을 잘 지낼 수 있어.

겨울잠을 자는 동물은 우리에게 저축의 중요성을 일깨워 주고 있어. 저축은 소득 가운데 쓰지 않고 남겨 두는 몫을 말하지. 바꿔 말하면 미래의 소비를 위해 현재의 소비에 대한 욕망을 억제하고 남겨 두는 부분이야. 이렇게 저축을 함으로써 행복하고 안정된 미래를 준비할 수 있어. 미리 준비해 놓은 식량으로 춥고 긴 겨울을 나는 겨울잠 자는 동물처럼 말이지.

또 저축은 개인에게만 중요한 것이 아냐. 개인이 저축한 돈은 경제 발전을 위한 각종 재원으로 투자되어 나라 발전의 밑거름이 되지. 그 이익은 다시 개인에게 돌아올 수 있고.

저축하는 습관은 이처럼 개인은 물론 경제 발전을 위해서도 매우 중요한 일이야. 그러자면 저축을 할 때 목적과 기간을 잘 생각해서 알맞은 저축 상품을 선택하는 지혜가 필요해. 그래야 저축의 성취감도 크고, 보다 착실하게 저축을 해 나갈 수 있거든.

2. 시장에서 놀자

시장에 가 본 적 있니? 시장에는 가게도 물건도 무척 많지. 우리는 시장에 가서 필요한 물건을 사 와. 하지만 아주 먼 옛날에는 시장이 없었어. 그리고 돈도 없었지. 오늘날의 시장과 오늘날 우리가 쓰는 돈은 언제, 왜 생겨났을까? 또 이 속에 숨어 있는 경제의 비밀은 무엇일까? 자, 이제 경제를 배우러 시장으로 떠나 보자!

시장이 뭐지?

'시장이 뭐지?' 하고 잘못 물었다간 '이 바보야, 그것도 몰라! 물건을 팔고, 사는 곳이 시장이지.' 하고 화성에서 온 사람으로 취급받을 거야.

맞아, 시장에는 온갖 물건을 갖춰 놓은 많은 가게가 있어. 가게에서 물건을 팔고, 사람들은 여기에 와서 필요한 물건을 사가. 이것을 좀 어려운 말로 하면 '시장은 수요와 공급이 만나는 곳'이라고 할 수 있어.

그럼 '수요'는 뭐고 '공급'은 뭐냐고?

오랜 옛날에는 시장이 없었어. 그래서 살아가는 데 필요한 물건을 스스로 만들거나 자연에서 직접 구해야 됐지. 돌이나 짐승의 뼈로 무기를 만들어 짐승을 잡고, 나무 열매를 따 먹으며 살았던 원시 시대 말이야. 그 후에는 간단한 농사를 지어 먹을 거리를 마련하기도 했어.

이처럼 필요한 물건을 스스로 만들어 사용하는 형태를 '자급자족' 경제라고 해. 무인도에 표류했던 로빈슨 크루소도 자급자족 경제를 취했던 셈이지.

인구가 늘어나고 생활 규모가 커지면서, 쓰고 남는 물건(재화)과 부족한 물건이 생기게 되었어. 어떤 부족은 사냥을 잘해서 짐승을 많이 잡지만, 농사를 제대로 못 지어 곡식이 부족했지. 그런데 다른 부족은 농사를 잘 지어 곡식은 넉넉했지만, 사냥을 잘 못 해서 고기가 부족했어. 그래서 두 부족은 고기와 곡식을 서로 바꾸어 사용하게 되었어.

이처럼 물건과 물건을 서로 바꾸어 이용하는 것을 '교환 경제'라고 한단다. 그리고 물건과 물건을 서로 바꾸는 것을 '물물 교환'이라고 하지.

나는 이미 축구공이 있는데, 선물로 축구공을 받아서 두 개가 되었어. 그런데 친구는 축구공은 없는 대신 게임 아이템이 많았지. 그래서 내 축구공과 친구의 게임 아이템을 서로 바꿨다면 교환 경제가 이루어진 거야.

교환 경제 시대가 열리면서 사람들은 자신이 잘 만들 수 있는 재화를 더 많이 생산해서 자신에게 필요한 재화와 바꾸게 되었어. 가령 물고기가 잘 잡히는 강가에 사는 사람은 물고기를 더 많이 잡아서, 짐승 고기나 곡식처럼 자신에게 필요한 물건과 바꾸게 되었다는 이야기야.

그러나 필요한 물건이 있는 사람을 일일이 찾아다니며 바꾸는 것은 쉬운 일이 아니었지.

　예를 하나 들어 볼게. 물고기를 많이 잡은 사람이 있었어. 이 사람은 옷 만드는 데 쓸 짐승 가죽이 필요했지. 그래서 물고기를 들고 사냥 잘하는 사람을 찾아가서 물고기와 가죽을 물물 교환했어. 그런데 이번에는 곡식이 필요한 거야. 이 사람은 다시 물고기를 들고 농사를 많이 지은 사람에게 찾아가 물고기와 곡식을 바꿨어. 이와 같은 불편을 덜기 위해 등장한 것이 '시장'이란다.

　사람들은 자신이 생산한 재화를 가지고 일정한 장소에 모이게 되었지. 이곳에는 온갖 재화를 가진 사람들이 모여들었기 때문에 자신에게 필요한 재화를 손쉽게 물물 교환을 할 수 있었어. 이렇듯 물물 교환을 위해 사람들이 모인 일정한 장소가 바로 시장이야.

　이때 자신이 가지고 나온 재화를 파는 것을 공급, 자신에게 필요한 물건을 사는 것을 수요라고 해.

　어떠니? 이만하면 시장이 어떻게 생겨났는지, 그리고 '수요와 공급이 만나는 곳을 시장이라고 한다.'는 뜻은 무엇인지 이해할 수 있겠지?

시장이 몰고 온 변화

시장에서 물물 교환이 이루어지면서 사람들의 생활에도 많은 변화가 일어났어.

먼저 거래에 들어가는 비용과 시간이 크게 줄어들었지. 시장이 없을 때는 물물 교환을 위해 자신에게 필요한 물건이 있는 사람을 찾아다녀야 했고, 그런 사람을 만난다 해도 간단히 거래가 이뤄지지는 않았어. 거래의 조건이 맞지 않거나 어느 한쪽이라도 물건의 질에 불만이 있으면, 다른 거래자를 찾아 나서야 했기 때문이야.

가령 물고기 다섯 마리를 여우 털로 바꾸기 원하는 사람이 있

다고 하자. 이 사람이 여우 털을 가진 사람을 만났어. 그렇지만 여우 털을 가진 사람은 물고기 일곱 마리를 원했지. 그렇게 되면 거래는 이루어지지 않아. 결국 물고기를 가진 사람은 조건에 맞는 다른 사람을 찾아 나서야 했어. 또 물고기가 너무 작다거나 여우 털의 질이 떨어진다며, 어느 한쪽이라도 상품의 품질에 불만을 느낄 경우에는 거래가 이뤄질 수 없지.

시장이 생기면서 이런 불편을 크게 덜게 되었어. 시장에는 많은 사람이 자기가 생산한 물건을 가지고 물물 교환을 위해 모여들었기 때문이야.

따라서 서로 교환할 수 있는 물건도 많아졌고, 교환 조건이 맞는 사람을 만나기도 한결 쉬워졌어. 덕분에 물물 교환에 들어가는 시간과 비용이 모두 줄어들게 되었지.

시장에서 거래가 이루어지며 일어난 또 하나의 변화는 질 좋은 상품을 싼값으로 생산할 수 있게 되었다는 거야. 시장이 생기면서 자신에게 필요한 모든 물건을 직접 생산할 필요가 없어졌거든. 시장에만 가면 필요한 물건을 구할 수 있었으니까.

그러나 물건을 공짜로 구할 수 있는 것은 아니잖니? 필요한 물건과 바꿀 수 있는 자신의 생산품이 있어야 했어. 그래서 사람들은 자신이 가장 잘 만들 수 있는 물건을 선택해서 한꺼번에 많이 만들게 되었어. 이렇게 한꺼번에 많은 물건을 만들면서 그만큼 가격도 싸졌단다.

뿐만 아니라 생산자는 더 좋은 상품을 만들기 위해 노력하게 되었지. 상품의 질이 좋아야 좋은 가격을 받을 수 있고 잘 팔리니까. 그래서 질 좋은 상품이 값싸게 시장에 공급되기 시작했고, 사람들의 물질적인 생활도 그만큼 풍요로워졌어.

시장이 몰고 온 또 하나의 변화는 화폐의 등장이란다. 화폐를 사용하기 시작했다는 것은 아마 시장이 몰고 온 변화 가운데 가장 큰 변화일 거야.

시장에서 물물 교환을 하던 시절에는 교환하려는 상품의 종

류와 수량이 서로 맞아떨어지지 않는 경우가 많았어. 그래서 종류와 수량이 맞아떨어지는 사람을 만날 때까지 자신이 생산한 물건을 가지고 시장 안을 돌아다녀야 했고, 그 과정에서 상품이 상하기도 했어.

이러한 불편을 덜기 위해 화폐를 이용하기 시작했어.

처음 사용한 화폐는 '물품 화폐'였단다. 조개껍데기, 소금, 쌀 같은 물품을 화폐로 사용했어. 그러나 이런 화폐는 들고 다니기 불편할뿐더러 상하기 쉬운 것도 있어서, 화폐가 없던 시절보다 크게 편리하지 못했지.

그러자 금이나 은을 화폐로 사용하기 시작했어. 이것을 '금속 화폐'라고 해. 그러나 금이나 은도 귀한 물건이라 수량이 부족하고, 가지고 다니기에도 무거웠어. 그래서 철이나 동을 납작하게 만들어 화폐로 사용하기 시작했지. 우리가 지금 사용하고 있는 동전과 비슷한 화폐가 등장한 거야. 우리나라는 고려 성종 때 '건원중보'라는 동전을 처음 만들어 쓰기 시작했어(996년).

동전도 많이 가지고 다니려니 무겁고 불편하기는 마찬가지였어. 특히 거래의 규모가 커지면서 동전의 사용은 더욱 불편해졌지. 그래서 종이로 돈을 만들어 쓰게 되었어. 마침내 우리가 지금 쓰고 있는 것과 같은 '지폐'를 사용하기 시작한 거야.

그 후 지폐는 가장 일반적인 거래 수단이 되어 오늘에 이르렀지. 또 규모가 큰 거래 등에 이용되는 새로운 종이돈 '수표'도 등장했어. 신용 카드도 사용되기 시작했고. 뿐만 아니라 인터넷이나 휴대 전화를 이용한 '전자 화폐'의 사용도 늘어나고 있지.

신용 카드와 전자 화폐의 사용이 늘어나면서 일반적인 거래 수단이었던 동전과 지폐의 사용은 점점 줄어들고 있어.

가격이 오르락내리락

시장에서 파는 물건에는 모두 가격을 매겨 놓았어. 이 가격은 어떻게 매긴 것일까?

간단히 생각하면 생산자가 물건은 만드는 데 들어간 비용에 알맞은 이익을 붙여서 가격을 매긴다고 할 수 있을 거야.

하지만 가격은 이렇게 단순히 정하는 것이 아니란다. 가격을 이렇게 단순하게 매긴다면 같은 상품의 값이 때에 따라 크게 오르락내리락할 까닭이 없고, 파는 곳에 따라 가격이 다를 이유도 없으니까.

가격은 생산 비용과 생산자가 원하는 이익 외에도 수요와 공급에 따라 큰 영향을 받아. 여기서 다시 한 번 수요와 공급에 대한 이야기를 해야겠구나.

자전거를 새로 사거나 피자를 사 먹는다면 그게 수요야. 그러니까 '물건을 사서 쓰는 것'을 수요라고 해. 또 물건을 사려면 그 물건을 파는 사람이 있어야 되잖니? 자전거나 피자를 파는 사람 말이야. 이처럼 '물건을 파는 것'을 공급이라고 하지.

수요에는 '수요의 법칙'이 있어. 물건의 가격에 따라 물건이 더 팔리기도 하고, 덜 팔리기도 하는 것이 수요의 법칙이야.

피자 이야기를 해 볼까? 어떤 피자 가게에서 피자 한 판을 1만 원에 팔았더니 하루에 120판이 팔렸어. 피자 가게 주인은 피자 한 판의 이익을 덜 남기는 대신 좀 더 많이 팔아야겠다고 생각했지. 그래서 이번에는 피자 한 판을 7,000원에 팔기 시작했어. 그러자 이번에는 160판이 팔렸어.

이처럼 사람들은 재화의 가격이 내려가면 더 많이 사고, 오르면 덜 산단다. 이때 일정한 기간에 일정한 가격으로 구입하는 상품의 양을 '수요량'이라고 불러. 앞에서 예로 든 피자의 경우에는 기간은 하루, 가격은 1만 원과 7,000원, 구매량은 120판과 160판이 되는 셈이지. 이와 같은 가격과 수요량의 관계가 바로 수요의 법칙이야.

 수요의 법칙이 있으니까 '공급의 법칙'이라는 것도 있지 않겠어?

 어떤 상품을 사려는 사람이 있으면 그 상품을 파는 사람, 곧 공급하는 사람도 나타나게 마련이지. 상품을 공급하는 사람이 일정한 기간 동안 일정한 가격으로 판매하는 상품의 양을 '공급량'이라고 해. 이때 공급하는 상품의 가격이 올라가면 공급자는 생산량을 더 늘리려고 하지.

 다시 앞서 이야기한 피자 가게의 예를 들어 보자. 피자 가격이 올라갈 경우, 피자 가게 주인은 직원을 더 채용해서라도 피자를 더 많이 만들어 팔려고 할 거야. 반대로 피자 가격이 떨어지면 피자를 덜 만들려고 할 테고.

이처럼 어떤 재화의 가격이 올라가면 재화의 공급량이 늘어나고, 가격이 떨어지면 공급량이 줄어드는 것을 공급의 법칙이라고 해.

어떤 재화의 가격이 오르락내리락하는 것은 바로 이 수요의 법칙과 공급의 법칙 때문이야. 물건을 사고팔 때, 사는 사람은 되도록 물건을 싸게 사려고 하지. 또 파는 사람은 비싸게 팔려고 해.

사는 사람과 파는 사람이 이렇게 가격을 가지고 밀고 당기다, 양쪽이 모두 만족하는 수준에서 가격은 결정되지. 이것을 다른 말로 '수요와 공급이 일치하는 곳에서 가격이 결정된다.'고 해. 그리고 이렇게 결정된 가격을 '균형 가격'이라고 하지.

이런 시장도 다 있네

지금까지 막연하게 시장이라는 말을 사용해 왔는데, 시장은 종류가 참 많아. 그러므로 시장의 종류를 잘 알아야 물건을 살 때 엉뚱한 곳으로 가지 않고, 자신이 원하는 물건을 파는 시장으로 찾아가서 살 수 있어.

먼저 며칠에 한 번씩 장이 서냐에 따라 시장을 구분할 수 있지. 날마다 열리는 시장을 상설 시장, 일정한 날짜를 정해 놓고 열리는 시장을 정기 시장이라고 해. 정기 시장에는 닷새에 한 번씩 열리는 5일장과 사흘에 한 번 열리는 3일장이 있어.

3일장이나 5일장은 예전부터 우리나라에 있어 왔던 시장 형

수산물 시장

태야. 그래서 이런 시장을 '재래시장'이라고 불러. 농촌과 가까운 도시에서는 지금도 5일장이 열리고 있어. 그래서 농촌 사람들은 장날에 자신이 생산한 물품을 장으로 가지고 나와 팔고, 필요한 물건을 사 가기도 해.

시장에서 파는 물건이 무엇이냐에 따라 시장을 구분하기도 해. 과일과 채소 등을 파는 시장은 청과물 시장, 생선과 조개 등 강과 바다에서 나는 상품을 파는 시장은 수산물 시장, 쌀·보리·콩과 같은 곡식을 파는 시장은 농산물 시장, 가구를 파는 상점이 몰려 있는 곳은 가구 시장, 꽃과 화분 등을 파는 꽃 시장 등등 말이야. 그러니까 꽃을 사려면 청과물 시장이나 농산물 시장이 아닌 꽃 시장을 찾아가야 돼.

또 우리가 살아가는 모습이 달라지고 복잡해지면서 자기 나라 돈과 다른 나라 돈을 바꾸는 금융 시장, 기업의 주식을 사고

주식 시장

파는 주식 시장, 인터넷에서 거래가 이루어지는 전자 상거래 시장도 등장했지. 그 밖에 직원을 채용하려는 회사와 일자리를 구하는 사람이 만나 고용 계약이 이루어지는 노동 시장도 있어.

상품을 누구에게 파느냐에 따라 시장을 구분하기도 해. 물건을 사용할 사람에게 직접 파는 소매 시장과 중간 상인에게 물건을 파는 도매 시장이 있어.

도매 시장에서 물건을 산 중간 상인은 다시 소매 시장 상인에게 물건을 팔아. 그럼 우리는 소매 시장에서 그 물건을 사는 거야. 그리고 도매 시장에서는 상품을 한 종류 한 종류씩 묶음으로 싸게 많이 팔지만, 소매 시장에서는 물건을 낱개로 팔아.

시장이라고 하면 장날 엄마 손을 잡고 물건을 사러 갔던 곳을 생각하기 쉬운데, 자세히 알아보니 종류도 참 많고 복잡하지?

세계의 이름난 시장

세계 여러 나라에는 그 나라의 문화와 경제적 특성에 따라 발달한 여러 형태의 시장이 있어. 세계적으로 유명한 시장에는 무엇이 있는지 알아보도록 할까?

● **노르웨이는 수산물 시장이 유명해**

베르겐은 노르웨이에서 가장 큰 항구 도시야. 산자락을 따라 세운 온갖 색깔의 나무 집이 바다를 향해 자리 잡고 있는 예쁜 도시란다. 그리고 그 집 앞의 항구에는 이름난 수산물 시장이 있어. 이곳에서 파는 대표적인 수산물은 연어와 대구, 새우 등이야.

● **네덜란드는 '알크마르'라는 곳에 있는 치즈 시장이 유명해**

알크마르에서는 일주일에 한 번씩 치즈 시장을 열고 있어. 예전에는 목요일에 시장을 열었는데, 지금은 매주 금요일에 열고 있단다. 이곳에서는 네덜란드의 대표적인 치즈인 에담과 고다를 주로 거래하지. 알크마르 치즈 시장을 처음 열었던 때는 1622년으로, 아주 오랜 전통을 자랑하고 있어. 이곳에는 치즈 박물관과 치즈 측정소도 있어.

● **프랑스에는 유명한 크리스마스 시장이 있어**

스트라스부르라는 도시에서 매년 12월에 열리는 시장이야. 1570년부터 시작했으니 알크마르 치즈 시장보다 더 오래됐지. 이곳에서는 온갖 크리스마스 관련 상품을 판매하고 있어. 그래서 12월의 스트라스부르는 마치 크리스마스를 위해 존재하는 도시 같은 느낌이 든다고 해.

● **인도는 염료 시장이 유명해**

인도의 염료 시장은 미로처럼 복잡하고 좁은 골목을 따라 펼쳐져 있어. 상인들은 이 골목 시장에 색소 가루와 물감, 향신료 등을 쌓아 놓고 팔고 있지. 또 인도에는 '색의 축제'라 부르는 유명한 축제도 있어. 바로 '홀리 축제'야. 홀리 축제는 한 해를 마무리하고 봄이 오는 것을 환영하는 축제야. 인도는 힌두교의 달력을 사용하기 때문에, 힌두력에서 새해가 시작되는 3월 무렵에 열리고 있어. 홀리 축제 때가 되면 사람들은 서로 물감을 뿌리며 봄이 오는 것을 축하한다고 해.

● 멕시코에는 이름난 향신료 시장이 있어

향신료가 뭐냐고? 음식에 맛이나 향을 내려고 넣는 조미료를 말해. 멕시코의 수도 멕시코시티에는 향신료 시장이 있어. 이곳에서는 멕시코 음식을 만드는 데 쓰는 온갖 향신료를 팔고 있지. 특히 멕시코고추가 유명해. 종류만 해도 60여 가지나 된다고 하는데, 향과 맛이 모두 다르다고 하는구나.

● 베트남은 메콩 강의 수상 시장이 유명해

수상 시장이 뭐냐고? 강물 위에서 열리는 시장이야. 여러 곳에서 몰려온 상인들이 나룻배에 쌀, 과일, 생선 등을 싣고 강물 위를 떠다니며 팔고 있어. 또 관광객 등 물건을 사려는 사람들도 배를 타고 다니며 물건을 구경하고 사기도 하지. 이런 시장을 수상 시장이라고 해.

● 우리나라의 특색 있는 시장은 5일장이야

닷새에 한 번씩 장이 열리기 때문에 5일장이라고 해. 그럼 왜 5일마다 장을 열게 되었을까? 처음 장이 열렸던 조선 시대에는 봇짐장수와 등짐장수 들이 이 시장, 저 시장을 찾아다니며 물건을 팔았어. 이때 한 시장에서 다른 시장으로 옮겨 가는 데 알맞은 시간이 5일이었다고 해. 그래서 5일마다 장을 열게 된 거야. 지금은 상설 시장에 밀려 5일장이 많이 위축됐지만, 농촌 지역과 가까이 있는 중소 도시에서는 여전히 5일장이 열리고 있어.

《단원 풍속도첩》 가운데 〈행상〉
_국립중앙박물관

3.

경제의 밑거름, 자원

자원이란 보통 자연에서 얻을 수 있는 '천연자원'을 의미해. 요즘에는 전 세계적으로 햇빛이나 바람처럼 무한히 사용할 수 있는 '신재생 에너지'를 개발하기 위해 노력하고 있지. 왜냐하면 석유, 석탄, 천연가스와 같은 자원은 나오는 나라도 제한적인 데다 언젠가는 바닥이 드러날 것이기 때문이야.

에너지 자원이 중요해

우리가 살아가는 데 쓸모 있게 이용하는 여러 물질을 '자원'이라고 불러. 물이나 식량, 나무, 석유나 석탄 같은 것이 모두 자원이지. 하지만 자원은 눈에 보이는 것만 있는 것이 아냐. 눈에 보이지 않는 자원도 있어. 가령 여러 기술이나 문화, 인간의 능력 같은 것도 자원이지.

그러나 이것은 넓은 의미의 자원을 이야기하는 것이고, 좁은 의미에서 자원은 자연에서 얻을 수 있는 물질, 즉 천연자원을 말하는 것이 보통이야. 토지 자원, 수자원, 산림 자원, 광물 자원, 에너지 자원 등이 바로 천연자원이지. 이러한 천연자원은 우리가 살아가는 데 꼭 필요하고, 나라의 경제 발전에도 밑거름이 되는 것이야.

또 자원은 현재의 기술로 개발할 수 있고, 경제적으로도 이용 가치가 있어야 돼. 바다 깊은 곳에 아무리 많은 석유가 매장되어 있다고 해도, 현재의 기술로 개발해서 사용할 수 없다면 자원으로서 가치가 없어.

경제적 이용 가치도 마찬가지야. 현재 어떤 자원의 가격이 리터당 1,000원인데, 개발 비용이 리터당 2,000원이 든다면 누가 그 자원을 개발하려 하겠어. 이런 것은 경제적으로 이용 가치가 없는 자원이지.

천연자원에는 여러 가지가 있지만, 그중에서도 특히 에너지 자원이 중요해.

어두운 밤을 환하게 밝혀 주는 불빛은 어떻게 만드는 것일까? 자동차는 밀지도 끌지도 않는데 어쩜 저리도 빠르게 네 바퀴가 굴러 갈까? 이런 일을 해 주는 것이 바로 에너지 자원이란다.

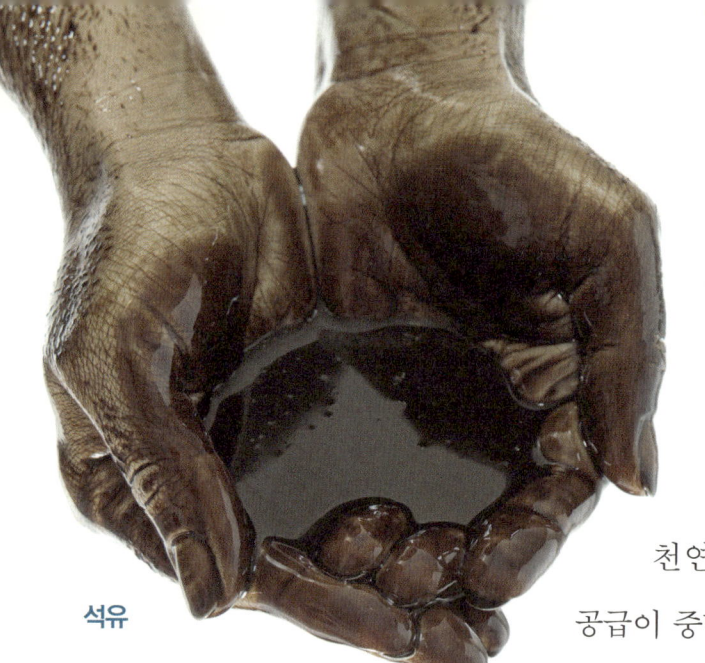

석유

비행기가 뜨게 해 주는 것도, 공장에서 기계가 돌아가게 해 주는 것도 에너지 자원이고.

에너지는 이처럼 현대 산업 사회의 밑바탕이 되는 매우 중요한 천연자원이야. 만일 에너지 자원의 공급이 중단된다면 오늘날 우리 생활을 편리하게 만들어 주는 거의 모든 것이 중단되고 말 거야.

그럼 에너지 자원에는 어떤 것이 있을까?

먼저 화석 연료인 석유, 석탄, 천연가스를 꼽을 수 있어.

석유는 열효율이 높고 사용이 편리해서 오늘날 매우 편리하게 이용되고 있는 천연자원이지. 서남아시아와 아프리카, 아메리카의 특정 지역에 집중적으로 매장되어 있어.

석탄은 산업 혁명 이후부터 본격적으로 사용되기 시작한 천연자원이야. 하지만 석유보다 사용이 불편하고, 연소될 때 공해 물질을 많이 배출한다는 문제점이 있어. 그러나 화석 연료 가운데 매장량이 가장 많고 값도 싸서 지금도 많이 사용하고 있지.

천연가스는 열효율이 높고 연소할 때 공해 물질을 적게 배출

석탄 채굴

하는 청정에너지야. 전 세계적으로 환경 문제가 심각해지면서 사용량이 크게 증가하고 있어.

  원자력도 중요한 에너지 자원이야. 원자력 발전소 등 전력 생산에 주로 이용되고 있는데, 비교적 싼 가격에 전력을 대량 생산할 수 있다는 장점이 있어. 그리고 환경 오염의 물질 배출도 적은 편이지. 그렇지만 방사선 물질의 누출 위험이라는 위험성이 있어. 또 원자력 발전소를 가동하는 과정에서 나오는 폐기물 처리도 해결해야 할 문제야.

주목받은 신재생 에너지

석탄, 석유, 천연가스와 같은 화석 연료는 산업 혁명 이후 꾸준히 사용이 증가되었어. 또 세계 인구가 늘어나고 개발 도상국의 산업화가 빠르게 진행되면서, 화석 연료의 사용은 더욱 증가하고 있지.

이와 같은 상황이 계속되면 머지않은 장래에 전 세계의 화석 연료는 바닥이 나고 말 거야. 그러므로 화석 연료를 대신해서 사용할 수 있는 새로운 에너지를 찾지 못하면, 인류는 심각한 에너지 자원 부족에 시달리게 될 것이 불 보듯 뻔해.

이와 같은 상황에서 주목받게 된 것이 신재생 에너지야.

태양열 발전

화석 연료 에너지는 한 번 써 버리면 다시 쓸 수가 없지. 석유나 석탄, 천연가스 같은 것은 한 번 쓰고 나면 다시 사용할 수 없잖아. 이런 에너지를 '재생 불가능한 자원'이라고 해.

그러나 계속 사용해도 고갈될 염려 없이 다시 사용할 수 있는 에너지가 있어. 태양열, 물, 바람, 지열(땅속의 열), 생물 유기체 등을 이용해서 생산한 에너지가 바로 그런 에너지란다.

햇빛을 이용하면 태양열 발전을 할 수 있어. 또 물을 이용하면 수력 발전을, 바람을 이용하면 풍력 발전을 할 수 있지. 그리고 태양열이나 물, 바람 등은 한 번 쓰면 없어지는 것이 아니라 계속 사용할 수 있는 존재잖아.

이런 에너지를 '재생 가능한 자원'이라고 해. 그 밖에 연료 전지, 석탄 액화 가스, 수소 에너지 등도 재생 가능한 자원이야. 이처럼 재생 가능한 자원을 이용해서 생산되는 에너지를 '신재생 에너지'라고 불러.

신재생 에너지는 고갈될 염려가 없을 뿐 아니라, 환경 문제에도 화석 연료 에너지보다 큰 도움이 돼. 석유, 석탄처럼 재생 불가능한 화석 연료 에너지는 사용 과정에서 많은 오염 물질이 나와 대기를 오염시키고, 이산화탄소의 배출로 지구 온난화 문제도 일으키고 있거든.

신재생 에너지는 화석 연료 에너지와 비교할 때 환경 문제를 일으킬 위험성이 상대적으로 낮은 편이야. 그래서 더욱 주목받고 있지. 그러나 지금 사용하고 있는 석유나 천연가스, 원자력 에너지 등에 대한 관심을 덜 가져도 된다는 이야기는 아니란다.

우리나라는 석유, 천연가스 등의 중요 에너지 자원을 외국에 의존하고 있어. 따라서 에너지 자원을 안정적으로 확보하려면 외국의 에너지 자원 개발에 적극적으로 참여해야 돼. 그뿐 아니라 적은 양의 에너지로 높은 효율을 낼 수 있는 기술을 개발하기 위해 많은 노력을 기울여야 하지. 이와 함께 신재생 에너지의 개발과 이용을 위해서도 더욱 노력해야 된다는 이야기야.

자원을 둘러싼 경쟁

우리가 살아가는 데 필요한 자원이 지구 상의 여러 나라에 고루고루 분포되어 있다면 얼마나 좋을까? 그렇다면 여러 나라가 자원 때문에 서로 다투고 전쟁까지 하는 일은 일어나지 않을 거야.

그러나 인류가 사용하는 여러 자원은 종류에 따라 특정 지역에 집중적으로 분포되어 있어. 그래서 자원을 확보하기 위한 나라 사이의 경쟁도 치열하지.

우리가 부족한 줄 모르고 흔하게 쓰고 있는 물만 해도 그래. 강수량이 많은 적도 지방은 물 자원이 풍부해서 생활용수와 농업용수, 교통로, 수력 발전 등에 두루 이용하고 있지.

그러나 사막과 그 주변 지역은 강수량이 매우 적어서 물이 굉장히 부족해. 흔히 물을 일컬어 '생명의 근원'이라고 하잖아. 생명의 근원인 물이 부족하다는 것은 생존을 위협하는 심각한 문제야.

더욱이 지구의 인구가 늘어나면서 물 부족은 더더욱 큰 문제가 되고 있어. 많은 인구를 먹여 살리기 위한 식량 자원을 확보하려면 농업 생산량을 늘려야 하고, 그러기 위해서는 많은 물 자원의 확보가 절대적으로 필요하지. 그래서 바닷물의 소금기를 줄여 민물로 사용할 수 있는 담수화 시설을 설치하고, 지하수를 개발하는 일 등에 많은 노력을 기울이고 있어.

또 강이 여러 나라를 거쳐서 흐르는 국제 하천의 경우, 강의 상류에 위치한 나라와 하류에 위치한 나라 사이에서 물 때문에 많은 갈등이 일어나고 있어. 상류에 있는 나라가 더 많은 물 자원을 확보하려고 댐을 건설해서 물을 가둬 놓는다면 어떻게 될까? 하류에 있는 나라는 물 부족으로 곤란을 겪게 될 거야. 메콩 강과 티그리스 강, 유프라테스 강이 이런 갈등을 겪고 있는 대표적인 국제 하천이지.

석유 자원을 둘러싼 갈등은 물 자원을 둘러싼 갈등보다 더 심

유프라테스 강의 댐

각해. 산업화된 현대 사회에서 석유는 가장 중요한 에너지 자원인 데다, 특정 지역에 집중적으로 분포되어 있기 때문이야. 서남아시아와 북아프리카 지역에 전 세계 석유의 60퍼센트 이상이 매장되어 있어. 가나 만 연안과 카스피 해 연안, 북해 연안 역시 석유가 많이 매장되어 있는 지역이지.

따라서 석유가 나지 않는 나라는 모든 석유를 산유국(석유가 나는 나라)에서 수입해야 되기 때문에 어려움을 겪고 있어. 석유의 사용량이 꾸준히 늘어남에 따라 산유국들이 석유 수출을 제한해서 가격을 올리거나, 석유 자원을 국유화해서 석유 자원의 통제를 강화하고 있기 때문이야.

이와 같은 움직임을 '자원 민족주의'라고 해. 특히 주요 산유국은 석유 수출국 기구(OPEC)를 만들어, 석유 수출로 가장 큰 이

3. 경제의 밑거름, 자원 69

**카스피 해의
석유 굴착 장치**

익을 남길 수 있도록 국제 원유 가격과 생산량을 조절하고 있지. 이 때문에 에너지 자원 확보를 위한 나라와 나라 사이의 갈등과 분쟁은 더욱 심해지고 있단다. 대표적인 분쟁 발생 지역으로는 페르시아 만 연안, 가나 만 연안, 카스피 해 주변 등을 꼽을 수 있어.

풍부한 자원의 두 얼굴

풍부한 자원이 있는 지역에서 그 자원을 개발하기 시작하면, 지역 주민들의 생활에도 많은 변화가 일어나기 시작해. 자원을 개발하기 위해 새로운 도로를 뚫고, 수도·전기 등의 사회 간접 자본을 확충하며, 외부와의 교류도 활발해지기 때문이야.

그리고 자원 개발과 관련된 일자리가 생겨 주민들의 소득이 늘어나고, 편의 시설이 들어서는 등 지역 경제가 발전하게 되지. 뿐만 아니라 자원 개발에서 벌어들인 돈으로 그 나라 국민들이 풍요로운 삶을 누릴 수 있어.

오늘날의 사우디아라비아

하지만 꼭 긍정적인 효과만 있는 것은 아냐. 자원 개발의 혜택이 국민에게 고루 돌아가지 못할 경우에는 빈부의 격차가 커지게 마련이지. 또 토지나 수질, 대기 오염 등의 환경 문제가 일어날 수 있어.

자원 개발이 긍정적인 성과를 거둔 성공 사례로는 사우디아라비아를 꼽을 수 있어. 사우디아라비아는 세계적인 석유 매장량과 생산량을 자랑하는 국가야. 그러나 석유가 개발되기 전에는 주로 유목 생활과 오아시스에서 농업 생산을 해 온 농경 사회였어. 공업 생산도 전통적인 가내 수공업 정도였지.

1930년대 후반, 석유가 개발되면서 사우디아라비아는 크게 변하기 시작했어. 석유 관련 산업이 빠르게 발전했고, 석유 수출로 엄청난 부를 축적했지. 그리고 이렇게 축적된 부를 자본 삼아 경제 개발 계획을 추진했단다.

경제 개발 계획으로 사우디아라비아에는 도로, 항만, 전기 등 사회 간접 자본이 크게 확충되었어. 대규모 개발 사업에도 투자해서 비약적인 경제 발전을 이룩했지. 그리고 이러한 발전은 국민들의 생활에도 많은 변화를 가져다주었어.

먼저 도시화가 이루어져 유목민이 크게 감소했어. 또 교육받은 사람의 수가 많이 늘어나고, 산업화 과정에서 직업의 종류가 다양해졌지. 그 결과 전반적인 생활 수준이 향상되고 외부 세계와의 접촉이 잦아지면서, 사우디아라비아 사람들의 전통적인 사고방식에도 변화가 일어났단다.

사우디아라비아는 가지고 있는 풍부한 자원을 성공적으로 개발해서 경제 발전을 이룩하고 국민의 생활도 향상시킨 성공적인 본보기라고 할 수 있어.

그러나 자원이 풍부하다고 해서 모든 나라가 경제를 발전시키고 국민의 생활도 향상시킨 것은 아냐.

자원은 풍부하지만 개발 기술과 자본이 부족한 나라 중에는 그 자원을 차지하려는 여러 국가 사이의 충돌로 피해를 입은 곳도 있어. 또 자원 개발로 막대한 부를 축적했지만, 이를 경제 발전의 밑거름으로 사용하지 못하고 소득의 재분배도 제대로 이루지 못한 나라마저 있지. 이렇게 되면 결국 빈부의 격차 문제가 심각해져서 사회 발전에 장애가 되기도 해.

뿐만 아니라 자원 개발 지역에서 일어나는 환경 문제도 무시할 수 없어. 지역 주민에게 피해를 입히고 주변 지역에도 피해를 줄 수 있거든. 자원의 생산과 운송 과정에서 중금속을 비롯한 유해 물질이 배출되는 바람에 주변 지역의 환경을 오염시키기 때문이란다.

풍부한 자원이 있다는 것은 이처럼 그 자원을 어떻게 개발하느냐 따라 축복이 될 수도 있고 재앙이 될 수도 있어. 그러므로 우리나라에 변변한 에너지 자원이 없다고 해서 비관할 필요는 없다고 생각해.

우리나라가 미래의 에너지라고 할 수 있는 신재생 에너지의 개발과 이용을 위해 적극 노력한다면 얼마든지 에너지 강국이 될 수 있어.

신재생 에너지의 개발과 이용

석유 등의 에너지 자원은 자원 민족주의로 인해 가격이 오를 때가 많아. 또 화석 연료의 사용이 늘어나면서 대기 오염과 지구 온난화 등 환경 문제도 더욱 심각해지고 있지.

이와 같은 문제를 해결하기 위해 많은 나라가 화석 연료를 대신할 수 있는 신재생 에너지의 개발과 이용을 위해 적극 나서고 있어. 그럼 우리나라의 신재생 에너지의 개발과 이용은 어디까지 와 있는지 알아보도록 할까?

석유 한 방울 나지 않는 우리나라는 1970년대에 석유 파동을 겪으면서 본격적으로 신재생 에너지의 개발에 관심을 가지기 시작했어.

  신재생 에너지 개발은 자연 조건에 많은 영향을 받아. 우리나라는 지리적으로 수력·풍력·태양열·조력(밀물과 썰물의 차이가 만들어 내는 힘)·조류(바닷물) 발전, 바이오에너지 등 신재생 에너지 개발에 유리한 조건을 갖추고 있지.

  수력 발전은 물의 흐름이나 낙차를 이용해서 전기를 생산하는 거야. 따라서 물의 양이 풍부하고 낙차가 큰 하천의 중류와 상류에 댐을 건설하면 수력 발전 시설을 갖추는 데 유리해.

  우리나라는 주로 한강과 낙동강의 중상류에 댐을 건설해 놓았어. 하지만 비 오는 계절이 여름에 집중돼 있기 때문에, 1년 내내 안정적으로 전기를 공급하는 데에는 어려움이 있지. 또 대규모 댐을 건설하려면 비용이 많이 드는 데다 환경 파괴 등의 문제도 있고. 그래서 최근에는 규모가 작은 수력 발전에 더 많은 관심을 보이고 있단다.

  풍력 발전은 바람의 힘을 이용해서 전기를 생산하는 거야. 섬이나 해안, 산의 정상 부근 등 강한 바람이 계속 부는 곳이 풍력 발전 시설을 하는 데 유리해. 제주도, 군산, 영덕, 대관령 같은 곳에서 바람의 힘을 이용해서 풍력 발전을 하고 있어. 또 전라남도 해안 일대에 해상 풍력 발전소 건설도 추진 중이야.

수력 발전

    태양열 에너지는 햇빛을 전기 에너지로 바꾸는 기술이야. 따라서 일사량(햇볕의 양)이 풍부한 지역이 유리하지. 우리나라는 남해안 지역의 일사량이 풍부한 편이어서, 태양열 발전 시설을 갖추기에도 알맞아.

    조력과 조류 발전도 우리나라에서 개발하기 알맞은 신재생 에너지야.

    조력 발전은 밀물과 썰물의 차이를 이용해서 전기를 생산하는 거지. 밀물과 썰물의 차이가 큰 서해안이 조력 발전을 하기에 알맞은 곳이야. 그래서 이 지역에 대규모 조력 발전소를 건립하고 있어. 또 최근에는 시화호 조력 발전소가 발전을 시작했지.

3. 경제의 밑거름, 자원

풍력 발전

　조류 발전소는 조류가 좁은 해역을 지날 때 흐름이 빨라지는 것을 이용해서 발전을 하는 거야. 전라남도 울돌목(진도와 해남 사이)이 조류 발전에 알맞은 곳으로, 현재 조류 발전소를 시험 가동 중이란다.

　그 밖에 동물의 배설물 등을 이용해서 연료를 생산하는 바이오에너지도 주목받고 있는 신재생 에너지야. 동식물의 유기물을 열분해하거나 발효하면 메탄이나 에탄올, 수소 같은 액체나 기체 상태의 연료를 얻을 수 있지. 현재 우리나라 농촌에서는 이와 같은 에너지의 공급이 늘어나고 있어.

지금까지 알아본 것처럼 우리나라는 신재생 에너지 개발에 유리한 조건을 갖추고 있어. 하지만 선진국에 비하면 신재생 에너지의 개발과 이용은 아직 걸음마 단계라고 할 수 있어.

뉴질랜드는 전체 에너지 사용량 가운데 신재생 에너지의 공급 비율이 33.9퍼센트나 돼. 그리고 핀란드는 25.2퍼센트, 덴마크는 18.5퍼센트, 이웃인 일본은 7.5퍼센트나 되지. 그러나 우리나라는 1.5퍼센트에 지나지 않아(국가통계포털, 2002년).

우리나라는 보유하고 있는 에너지 자원이 변변치 않기 때문에, 신재생 에너지의 개발과 이용은 국가의 미래를 좌우할 중요한 사업이 아닐 수 없어. 그러므로 자원 문제는 물론 환경 문제까지 아울러 해결할 수 있는 신재생 에너지의 개발과 이용에 더 많은 노력과 투자가 이루어져야 한다고 생각해.

외국의 신재생 에너지 개발

● **독일의 윤데 마을**

윤데는 독일 남부에 위치한 인구 700명 정도의 작은 마을 이름이야. 가축 배설물과 농업 부산물로 만든 바이오가스를 생산하는 마을로 유명해. 윤데 마을은 바이오가스로 전기를 만들어 다른 지역에 팔기도 하고, 전기를 만들면서 생긴 열은 마을 사람들이 난방 하는 데 이용하고 있어. 이 때문에 세계적인 에너지 자립 마을로 널리 알려졌지.

윤데가 에너지 자립 마을로 성공하게 된 데에는 인근 대학교수들의 아이디어와 철저한 타당성 검토, 주민들의 적극적인 참여가 큰 힘이 되었다고 해.

● 지열 에너지를 이용하는 뉴질랜드

앞에서 뉴질랜드는 전체 사용 에너지의 33.9퍼센트를 신재생 에너지로 공급하는 나라라고 이야기했지? 뉴질랜드는 화산과 지진 지대에 위치하고 있어서 땅속의 열을 이용하는 데 유리한 조건을 갖추고 있어. 이런 이점을 이용해서 세계 최대 규모의 지열 발전소를 가동하고 있단다.

또 지열 외에도 풍력 발전을 이용해 많은 신재생 에너지를 공급하고 있어. 바람이 늘 일정하게 부는 것은 아니기에 풍력 발전의 가동률은 30퍼센트 정도에 지나지 않지만, 지열 발전은 100퍼센트 가동률을 보이고 있다고 해.

● 수소 연료 전지 자동차

수소와 공기 중의 산소를 반응시켜 얻는 전기로 엔진을 돌려서 움직이는 자동차가 수소 연료 전지 자동차야. 수소 연료 전지 자동차는 달리면서 물 이외에는 어떤 물질도 배출하지 않아, 환경 친화적 자동차로 각광받고 있어. 또 수소 연료 전지는 에너지 효율도 높아서 미래의 친환경 에너지로 관심을 모으고 있지. 그래서 세계 여러 나라가 수소 연료 전지 연구와 상업적인 이용을 위해 많은 노력을 기울이고 있어.

● **파도의 힘을 이용한 파력 발전**

바다에는 늘 파도가 치고 있지. 이는 곧 바다에서 얼마든지 이용할 수 있는 에너지가 바로 파도라는 이야기야. 이 때문에 세계 여러 나라는 바다의 무한한 에너지인 파력(파도의 힘)을 이용하고자 많은 노력을 기울이고 있어. 그러나 아직 본격적인 상용화에는 성공하지 못한 상태란다.

현재 포르투갈, 영국, 일본, 인도네시아 등의 몇몇 해양 국가는 소규모로 파력을 이용해서 전력을 생산하고 있어. 또 우리나라도 제주시 한경면 용수리 앞바다에 시험용 파력 발전소를 건설하고 있지. 이 실험이 성공해서 본격적으로 파력 발전소를 건설하게 된다면 미래의 에너지로써 큰 역할을 하게 될 거야.

● **고층 건물 위에 세운 풍력 발전**

대도시의 고층 건물 옥상에 풍력 발전소를 세우고, 건물에서 사용하는 전력의 일부를 생산하는 곳이 있어. 대표적인 예가 영국 런던의 스트라타 빌딩이야. 이 빌딩 옥상에는 풍력 발전기 세 대가 설치되어 있는데, 건물에서 사용하는 전기의 20퍼센트 정도를 공급하고 있다고 해.

● **해조류로 생산하는 바이오에너지**

미국은 옥수수와 콩 등을 이용한 바이오에너지를 생산해서 상용화하는 데 성공했어. 그러나 식품을 원료로 사용하여 에너지를 만들기 때문에 생산 단가가 높아. 게다가 국제 식량 가격에도 영향을 미치고. 그래서 해조류를 대신 사용하기 시작했어. 해조류는 옥수수나 콩보다 단가가 크게 낮은 데다 번식력도 뛰어나거든. 이 때문에 해조류에서 바이오에너지를 얻기 위한 연구가 활발하게 이루어지고 있어.

4
경제가 성장하면 무엇이 좋아질까?

우리나라는 지구 상에 있는 수많은 나라 가운데 얼마나 잘사는 나라인지 생각해 본 적 있니? 또 얼마나 잘사는지 계산하는 방법은 무엇인지 알고 있니? 잘사는 나라가 되면 보통 국민 개개인의 삶의 수준도 높아지게 마련이야. 의식주뿐 아니라 문화, 교육, 복지의 수준도 함께 높아지기 때문이지. 하지만 경제 성장이 곧 '삶의 질'의 성장을 의미하는 건 아니란다.

우리나라는 얼마나 잘사는 나라일까?

우리나라는 세계 여러 나라 가운데 얼마나 잘사는 나라일까? 그리고 지금 우리는 10년 전보다 얼마나 더 잘살게 되었을까?

이런 것을 알아보려면 어떻게 해야 될까? 세계 여러 나라를 많이 여행한 사람에게 물어보고, 10년 전 세상을 잘 알고 있는 웃어른께 여쭤 보면 된다고?

물론 그런 방법이 없는 것은 아니지. 그러나 이것은 객관적이고 정확한 방법이라고 할 수 없어. 사람마다 판단 기준이나 생각이 다를 수 있으니까.

　한 나라의 경제 수준을 객관적으로 보여 주는 기준으로는 '국내 총생산(GDP)'이라는 것이 있어. 국내 총생산은 한 나라의 경제 성적표 같은 거야. 이 성적표를 서로 비교해 보면 우리나라가 세계 여러 나라 가운데 어느 정도로 잘살고, 10년 전보다는 얼마나 잘살게 되었는지 알 수 있어.

　국내 총생산은 일정한 기간 동안 한 나라에서 생산한 생산물의 가치를 모두 합한 것을 말해. 컴퓨터·냉장고·아이스크림·쌀 같은 재화의 생산은 물론, 의사의 진료·서비스센터에서 자동차를 수리하고 세탁소에서 옷을 세탁하는 등의 서비스까지 모두 포함한 가치야.

국내 총생산을 정확하게 이해하려면 꼭 알아 두어야 할 것이 있어.

먼저 생산자의 국적과 관계없이 그 나라 안에서 생산된 모든 재화와 서비스는 국내 총생산에 포함돼. 외국 기업이 우리나라에 공장을 세우고 자동차를 생산했다면, 그 자동차의 가치도 국내 총생산에 포함된다는 이야기야. 반대로 우리나라 기업이 외국에 세운 자동차 공장에서 생산한 자동차의 가치는 국내 총생산에 포함되지 않아.

그리고 국내 총생산에는 그해에 생산한 가치만 포함돼. 2년 전에 만든 옷을 재고 정리하는 점포에서 샀다면, 그 옷은 이미 2년 전의 국내 총생산에 포함되었기 때문에 올해의 국내 총생산에는 포함되지 않아.

또 국내 총생산을 계산할 때는 최종적으로 생산된 재화와 서비스의 가치만을 따져. 옷을 만들기 위해 천을 구입했다면, 천 값에는 옷값이 포함되어 있기 때문에 국내 총생산에 포함되지 않는다는 이야기지.

끝으로 국내 총생산은 시장 가격으로 따지는 것이기 때문에, 시장에서 거래된 것만을 대상으로 해. 시장에서 사 온 상추나 오이는 국내 총생산에 포함되지만, 텃밭에 심어 먹는 상추나 오

이는 국내 총생산에 포함되지 않는다는 이야기야.

　이와 같이 계산한 국내 총생산이 많으면, 그만큼 그 나라의 경제 규모가 크고 재화와 서비스의 생산 능력도 높다는 것을 알 수 있어. 그러나 국내 총생산이 많다고 해서 반드시 그 나라의 국민이 잘산다고는 볼 수 없어. 국내 총생산이 많아도 인구가 많으면 한 사람에게 돌아가는 국내 총생산의 몫이 적어지기 때문이야.

　어떤 나라 국민이 얼마나 잘사는지 궁금하다면 평균적인 소득 수준을 나타내는 '1인당 국내 총생산'을 보면 돼. 1인당 국내 총생산은 국내 총생산을 인구수로 나눈 수치를 말해. 이 수치가 높게 나와야 그 나라 국민의 생활 수준이 높다고 할 수 있지.

경제 성장의 두 얼굴

이번에는 국내 총생산의 증가가 국민의 삶을 어떻게 변화시키는지 알아볼까?

국내 총생산이 늘어난다는 것은 한 나라의 경제 규모가 커지고, 국민의 일반적인 소득 수준도 높아지는 것을 말해. 이처럼 국가의 생산 능력이 늘어나고 국민의 소득 수준도 높아지는 것을 '경제 성장'이라고 하지.

경제가 얼마나 성장했는지를 알아보는 방법으로는 '경제 성장률'이라는 것이 있어. 올해의 국내 총생산에서 지난해의 국내 총생산을 뺀 후, 이것을 지난해의 국내 총생산으로 나누어 100

을 곱하면 경제 성장률이 나와.

예를 들어 설명해 볼까?

지난해의 국내 총생산이 '100'이라고, 올해의 국내 총생산 '107'이라고 하자. 이때의 경제 성장률은 어떻게 계산할까?

먼저 올해의 국내 총생산 107에서 지난해의 국내 총생산인 100을 빼. 그럼 7이 나오지(107-100=7). 이 7을 지난해의 국내 총생산 100으로 나누면 0.07이 돼(7÷100=0.07). 그리고 여기에 100을 곱해 주면 7이라는 경제 성장률이 나와(0.07×100=7). 그러니까 올해의 경제 성장률은 7퍼센트가 되는 거야.

경제가 성장하면 국민의 소득이 늘어나기 때문에 의식주 등 기본적인 삶의 수준이 높아져. 그래서 국민이 일상생활에서 느끼는 만족감과 행복감도 높아지지. 또 문화와 교육, 복지 수준도 향상돼서 여유로운 생활을 할 수 있게 돼. 의료 부분에도 더

많은 투자를 할 수 있어서 평균 수명도 늘어나고. 바꿔 말하면 '삶의 질이 전체적으로 높아진다.'고 할 수 있어.

그러나 경제 성장의 정도와 비례해서 삶의 질이 똑같이 높아진다고는 할 수 없어. 경제 성장을 이루는 과정에서 환경이 오염되고 자원이 고갈되는 등 미래의 삶을 위협하는 문제가 일어날 수 있기 때문이야.

또 경제가 성장하면서 경제 활동 시간이 늘어나 많은 사람이 스트레스를 받고, 지나친 경쟁으로 개인의 삶에 균형이 깨어지기도 해. 뿐만 아니라 경제 성장 과정에서 소득의 격차가 벌어지게 되지. 경쟁에 밀린 사회적 약자는 삶의 질이 떨어지고, 계층 간의 갈등도 일어나.

이러한 현상은 사회 전체의 발전을 가로막는 원인이 돼. 경제 성장이 보여 주는 이와 같은 두 얼굴은 바로 우리나라가 겪고 있는 현실이기도 하단다.

물가와 물가 지수의 마술

'가격'이라는 말, 알고 있지? 물건을 사려면 항상 가격을 알아보잖아.

또 '물가'라는 말도 많이 들어 보았을 거야. '추석을 앞두고 물가가 크게 오르고 있다.' 등의 말을 흔히 들을 수 있으니까.

그럼 물가와 가격은 어떻게 다를까?

우리가 사용하는 재화와 서비스에는 모두 가격을 매겨 놓았어. 그리고 이 가격은 늘 같은 것이 아니라, 때로는 오르고 때로는 내리기도 하지. 그러나 재화와 서비스의 가격 하나하나가 오르고 내리는 것으로 전체적인 상품의 가격이 얼마나 오르고

내리는지를 알기는 어려워. 그래서 재화와 서비스의 전반적인 가격이 얼마나 오르고 내리는지를 알기 위해 만들어 낸 것이 물가야.

물가는 거래되는 재화와 서비스의 가격을 종합해서 낸 값이야. 물론 거래되는 모든 재화와 서비스의 가격을 조사해서 평균을 내는 것은 아냐. 그런 일은 사실상 불가능하지. 그래서 기준이 되는 상품의 가격을 조사해서 평균을 내. 그리고 이것을 물가라고 한단다.

물가가 얼마나 오르고 내리는지를 측정하는 방법으로는 '물가 지수'가 있어. 물가 지수는 기준이 되는 해의 물가를 '100'으로 잡아서, 비교되는 해의 물가가 어떻게 변했는지를 알아보는 수치야.

지난해와 올해의 물가를 비교하려면? 지난해의 물가 지수를 '100'으로 해서, 올해의 물가 지수가 얼마인지를 계산해서 알아보면 돼. 올해의 물가 지수가 '105'로 나왔다면 물가는 5퍼센트가 오른 거야.

그런데 정부에서 발표하는 물가 지수는 우리가 실제 생활을 하면서 느끼는 물가 상승보다 낮게 나오는 것이 보통이란다. 정부에서 발표한 물가 지수는 낮은데, 살아가면서 피부로 느끼기는 물가는 그보다 훨씬 오른 것처럼 생각된다는 이야기지.

이것은 앞에서 이야기한 것처럼 거래되는 모든 재화와 서비스의 가격을 조사하고 종합해서 물가 지수를 내는 것이 아니라, 정부가 선택한 몇백 개의 상품 가격만 조사해서 물가 지수를 내기 때문이야. 하지만 소비자는 자신이 자주 구입하는 상품의 가격 변화를 중심으로 물가를 느끼기 때문에, 정부 발표의 물가 지수보다 물가가 많이 오른 것처럼 느껴지는 경우가 흔히 있지.

이런 것을 '물가 지수의 마술'이라고나 할까?

물가가 오르면 어떻게 되지?

물가에 관심이 없는 사람은 없을 거야.

물가가 오르면 화폐 가치가 떨어져서 같은 돈으로 살 수 있는 것이 적어지고, 그래서 가계 지출이 늘어나 생활이 어려워지거든. 또 소비가 줄어들어서 기업의 생산 활동도 위축되게 마련이야.

물가는 이처럼 나라의 경제 전체에 영향을 미치고 있어.

물가가 계속 올라 화폐 가치가 떨어지는 현상을 '인플레이션'이라고 해.

그럼 인플레이션은 우리 생활에 어떤 영향을 미칠까?

첫째, 소득과 부의 분배를 불평등하게 만들어. 일정한 액수의 봉급을 받거나 연금으로 생활하는 사람에게 화폐 가치가 떨어진다는 것은 소득이 줄어드는 것과 마찬가지야. 그러나 토지나 건물처럼 부동산을 가진 사람은 부동산 가격이 올라서 더욱 부자가 돼. 또 돈을 빌린 사람은 갚을 때의 돈의 가치가 빌릴 때의 가치보다 떨어져서 유리해져.

둘째, 저축을 하기보다 토지나 건물 같은 부동산을 사 두는 편이 유리해. 화폐 가치가 떨어지면 저축해 둔 돈은 실질적인 가치가 줄어들지만, 부동산 가격은 계속 오르기 때문이야. 이런

현상은 사람들의 근로 의욕을 떨어뜨릴뿐더러, 기업도 생산을 위한 투자를 꺼리게 만들어.

셋째, 인플레이션은 외국과의 거래에도 영향을 미쳐. 인플레이션이 일어나면 국내 상품의 가격이 외국 상품의 가격과 비교해서 상대적으로 비싸지거든. 그래서 사람들은 외국 상품을 더 많이 찾게 되지. 따라서 수출이 줄고 수입은 늘어나 나라 경제를 어렵게 만든단다.

이처럼 국민의 생활과 나라 경제를 어렵게 만드는 인플레이션은 왜 일어날까?

경제가 성장하면서 물가가 차츰 오르는 것은 자연스러운 현상이야. 그러나 물가가 가파르게 올라 인플레이션 현상이 일어나는 것은 결코 바람직한 일이 아니란다. 여기에는 나름의 원인이 있어.

인플레이션은 상품의 수요와 공급의 불균형에서 비롯되는 문제야. 상품의 수요가 공급보다 많아지면 일반적으로 가격이 오르게 되지. 자전거를 사려는 사람은 열 명인데 팔 수 있는 자전거가 일곱 대뿐이라면, 자전거 가격이 오르는 것은 당연한 일 아니겠니?

공급이 줄어들 때도 마찬가지야. 제품 생산에 필요한 원자재 가격이나 임금 인상 등으로 생산 비용이 증가하면, 기업은 제품의 생산(공급)을 줄이게 되지. 그래서 물가가 올라 인플레이션 현상이 일어날 수도 있어.

그럼 인플레이션을 극복하려면 어떻게 해야 될까?

먼저 시중에 너무 많은 돈이 풀리지 않도록 해야 돼. 그러려면 정부에서 지나친 재정 지출을 줄이고, 중앙은행은 여러 정책 수단을 동원해서 통화량을 줄여야 하지.

정부가 해야 할 또 다른 일은 생활필수품이 안정적으로 공급되도록, 가격을 규제하는 방법을 통해 물가를 안정시키는 거야. 공공요금의 인상을 억제하는 것도 물가를 안정시키는 한 가지 방법이란다.

기업도 새로운 기술을 개발하고 경영을 잘해서 생산 비용을 줄이도록 노력해야 돼. 생산 비용이 낮아지면 상품의 가격이 오르는 것을 막을 수 있지. 또 노동자도 지나친 임금 인상을 요구하지 않고 생산성 향상을 위해 힘써야 돼.

일반 소비자인 개인도 과소비를 억제하고 건전한 소비 생활을 해서, 물가가 안정될 수 있도록 힘을 보태야 되고.

국가와 개인의 생활을 모두 어렵게 만드는 인플레이션은 이처럼 정부와 기업, 개인이 모두 함께 노력해야 극복해 나갈 수 있어.

인플레이션과 반대되는 경제 현상으로 디플레이션이 있어. 디플레이션은 유통되는 화폐량이 줄어들어 물가가 떨어지고 경제 활동이 활발하지 못한 상황을 말해.

디플레이션은 정부에서 세금을 너무 많이 거둬들이거나, 가진 돈을 잘 풀지 않을 때 일어나. 또 저축한 돈이 다시 투자되지 않을 때도 통화량이 부족해지기 때문에 디플레이션 현상이 일어나고.

통화량이 부족한 디플레이션 상태에서는 돈의 가치가 올라가고 상품의 가치가 떨어져. 그래서 돈의 흐름이 활발하지 못하고 돈을 가진 사람도 줄어들어서 물건이 안 팔리지. 그래서 망하는 회사가 생기고 실업자도 늘어나게 돼.

실업 문제를 해결해야 돼

실업은 '일할 생각과 능력이 있지만 일자리를 구하지 못하는 상태'를 말해. 텔레비전 등에서 실업 이야기가 오르내리는 것을 보았을 거야. 실업은 우리나라뿐 아니라 미국과 유럽 등 지구촌 여러 나라에서 똑같이 맞닥뜨리고 있는 심각한 문제란다.

실업자의 수가 얼마나 되는지 알아보는 방법으로 '실업률'이라는 것이 있어. '경제 성장률'로 경제가 얼마나 성장했는지를 알아보듯이 말이야.

실업률은 경제 활동을 할 수 있는 인구 가운데 실업자가 차지

하는 비율이 얼마나 되는지를 파악해 놓은 수치야. 경제 활동을 할 수 있는 인구가 100명인데 실업자 수가 열세 명이라면 실업률은 13퍼센트인 거지.

실업률은 한 나라의 경제 상황을 파악할 수 있는 중요한 기준이 되는 자료 가운데 하나란다. 그리고 실업 문제는 개인은 물론 사회적으로도 많은 문제가 되고 있어.

개인적으로는 소득이 없어서 경제적인 고통을 받게 되지. 또 일을 하면서 느끼는 보람과 성취감을 얻을 수 없음은 물론, 다른 사람과의 관계도 위축될 수밖에 없으니 정신적인 고통을 느끼게 돼. 뿐만 아니라 가족에게도 고통을 주고, 경제적으로나 정신적으로 안정된 가정생활을 하기가 힘들어져.

사회적인 측면에서도 실업은 우리에게 많은 문제를 던져 주고 있어.

먼저 실업은 노동력이라는 경제 자원을 낭비하는 일이 돼. 일할 능력이 있는 사람이 생산에 참여하지 못하면, 그 사회의 생산력을 떨어뜨리는 셈이니까. 게다가 경제 성장에도 부정적인 영향을 미치지.

실업률이 높아지면 사회 보장 비용의 지출이 많아져서 정부의 재정 부담도 늘어나게 돼. 또 범죄 발생이 많아지고 빈부의 격차도 커지는 등 사회 불안이 커지게 마련이야.

이처럼 실업은 개인만의 문제가 아니야. 사회와 국가가 모두 나서서 적극적으로 해결해 나가지 않으면 안 되는 매우 중요한 문제란다.

5
세계는
하나의 시장

'지구촌'이라는 말, 들어 봤니? 오늘날 우리가 살고 있는 세상을 이르는 표현 가운데 하나로, 지구가 하나의 마을처럼 되었다는 뜻이야. '지구가 하나의 마을'이라는 것은 곧 '지구는 하나의 시장'이라는 뜻도 되겠지. 서로 다른 나라 사이의 경제 활동은 어떻게 이뤄질까? 또 우리나라를 벗어나 지구촌의 모든 친구들이 행복하게 잘 살 수 있는 길은 과연 무엇일까?

국제 거래를 알아볼까?

교통수단과 통신망이 발달하면서 세계는 점점 좁아지고 하나가 되어가고 있어. 지구 반대쪽에서 일어나는 일도 우리에게 금방 알려지는 세상이 되었으니까. 그래서 '지구촌'이라는 말도 생겨났지. 지구가 하나의 마을처럼 되었다는 이야기야.

예전에는 나라 안에서만 물건을 사고팔았지만, 지구가 좁아지면서 이제는 세계 여러 나라와 활발하게 물건을 사고팔게 되었어. 그래서 바나나, 쇠고기 등 외국의 먹을거리를 자연스럽게 사 먹고, 자동차에서 학용품에 이르기까지 외국에서 들여온 물건을 사용하고 있지.

또 외국 노동자가 우리나라에 들어와 일하고, 외국 자본도 들어와 회사를 세우는 등 우리나라 경제에 많은 영향을 미치고 있어. 물론 우리나라의 상품과 노동력, 자본도 외국으로 활발하게 진출하고 있지.

이처럼 생산물(상품)이나 생산 요소(노동과 자본)의 거래가 국경을 뛰어넘어 여러 나라 사이에서 이루어지는 것을 '국제 거래'라고 해. 세계 여러 나라가 국제 거래를 통해 자기 나라에서 생산되지 않거나 부족한 재화와 자원 또는 기술과 서비스 등을 다른 나라에서 사들여 이용하고 있지.

교통과 통신 수단의 발달로 국제 거래의 규모나 내용은 점점 확대되고 있어. 그래서 다른 나라와 관계를 맺지 않고는 한 나라의 경제생활이 독자적으로 이루어질 수는 없게 되었지.

국제 거래에는 나라 안에서 하는 거래와 다른 몇 가지 특징이 있어.

첫째, 나라마다 사용하는 화폐가 다르기 때문에 자기 나라의 화폐를 그대로 사용할 수 없어.

그래서 자기 나라 화폐와 외국 화폐를 교환해야 하지. 이때 두 나라 사이의 화폐 교환 비율을 '환율'이라고 불러. 우리나라 돈 1,100원을 미국 1달

러와 교환한다면, 그 교환 비율이 환율이 되는 거야.

둘째, 국제 거래에서는 나라 사이의 상품과 생산 요소의 이동이 나라 안에서만큼 자유롭지 못해.

외국에 물건을 팔려면 해당 국가의 세관에서 통관 절차를 거쳐야 해. 그런데 이때 세금(관세)을 매기기 때문에 거래량에 영향을 받게 되지. 관세를 많이 매기면 판매 가격이 올라가 거래량이 줄어들 수밖에 없어. 또 거래하는 나라 사이에 법률적·문화적·관습적 차이가 있을 경우에는 수입이나 수출이 금지되거나 거래에 제한을 받기도 해. 외국에 취업할 때도 마찬가지야. 국내에서 취업할 때와 달리, 그 나라에서 요구하는 여러 과정과 절차를 거쳐야 하거든.

셋째, 같은 상품이라도 나라마다 가격이 달라지게 돼.

각 나라의 자원은 저마다 종류가 다르고 양도 다르기 때문이야. 또 운송료와 보관료도 들어가는데, 이 비용도 나라마다 다르거든.

열대작물인 바나나를 예로 들어 볼까? 바나나를 많이 생산하는 본고장 필리핀에서는 값이 싸. 그러나 우리나라로 수입해 들여오려면 운송료와 보관료 등이 들어가고 관세도 물어야 하기 때문에 필리핀에서 파는 가격보다 훨씬 비싸져.

국제 거래는 왜 할까?

　모든 상거래의 첫 번째 목적은 이익을 얻기 위해서야. 이것은 국제 거래도 마찬가지란다.
　종류가 같은 상품이라도 그것을 만드는 데 들어가는 생산비는 나라마다 달라. 나라마다 가지고 있는 자원의 종류와 노동, 자본 등 생산 요소의 양과 질이 다르기 때문이야.
　'날라리'라는 상품이 있다고 예를 들어 볼까?
　A라는 나라에는 '날라리'를 만드는 데 원료가 되는 자원이 풍부하고, '날라리'를 잘 만들 수 있는 숙련된 노동력이 풍부해. 그러나 B라는 나라에는 '날라리'의 원료가 되는 자원이 거의 없고,

'날라리'를 잘 만들 수 있는 노동력도 많지 않아. 그래서 A라는 나라는 B라는 나라보다 품질이 좋은 '날라리'를 값싸게 생산할 수 있지.

이처럼 같은 종류의 재화라도 그것을 생산하는 데 들어가는 비용과 품질에는 차이가 있기 때문에, 각 나라는 자기 나라에서 생산하는 데 유리한 재화를 특별히 중점적으로 생산하지. 이것을 '특화'해서 생산한다고 해.

세계 여러 나라는 이렇게 특화해서 생산한 상품을 수출하고, 생산에 불리한 재화를 수입해서 사용하고 있어. 이것이 경제적으로 더 이득이고, 자기 나라에서 생산한 재화를 여러 나라에서 더 많이 소비할 수도 있으니까. 다른 나라에 수출해서 말이야.

어떤 나라가 어떤 재화를 생산하는 데 들어가는 비용이 다른 나라보다 적게 들어갈 때, 그 나라는 그 재화의 생산에 '절대 우위'를 가진다고 해. A나라는 '날라리'를 생산하는 데 B나라보다 절대 우위에 있는 거야.

그럼 A나라가 '날라리'를 비롯한 모든 재화의 생산에서 B나라보다 절대 우위에 있다면 어떻게 될까? 그럼 B나라는 A나라의 상품을 수입해서 쓰기만 하고, B나라에서 A나라로 상품을 수출하는 국제 거래는 이루어지지 않을까?

그렇지는 않아.

중국 음식을 아주 잘 만드는 유명한 대학교수가 있다고 생각해 보자. 이 교수는 중국 음식이 먹고 싶을 때마다 짜장면이든 탕수육이든 직접 만들어 먹을까, 아니면 대학교수를 그만두고 중국 음식 만드는 솜씨를 살려 중국집을 차릴까?

아마 그런 일은 일어나지 않을 거야. 유명한 교수는 대학 강의를 계속할 거야. 그러다가 중국 음식이 먹고 싶을 때는 중국집에 가서 사 먹을 테지. 바쁜 강의 시간을 쪼개 여러 재료를 마련해서 스스로 중국 음식을 만들어 먹는 일은 번거롭잖아. 또 중국집을 차리는 것보다 대학교수로서의 강의와 그 밖의 다른 강연으로 얻는 수입이 더 높고, 사회에 공헌도 할 수 있기 때문이지.

이때 대학교수의 강의와 강연은 중국 음식 만드는 일보다 '비교 우위'에 있다고 해. 이러한 비교 우위의 원리는 국제 거래에서도 그대로 적용되지. 절대 우위뿐 아니라 비교 우위에 있는 상품 사이에서도 국제 거래가 이루어진다는 이야기야.

우리나라는 반도체와 섬유 생산 분야에서 모두 세계 최고 수준에 있지. 그렇지만 지금은 반도체를 수출하는 데 주력하고 있고, 섬유는 인건비가 싸게 드는 동남아시아 등에서 생산된 상품

국제 거래는 언제부터 시작됐을까?

국제 거래는 교통이 편리해지고 통신망이 발달하면서 활발해졌단다. 그럼 교통수단과 통신망이 변변치 못했던 옛날에는 국제 거래가 없었을까?
그렇지 않아. 국제 거래는 아주 먼 옛날부터 시작되었어.

기원전 8세기 무렵, 고대 그리스는 프랑스 남부에서 흑해에 이르는 지역에 많은 식민 도시를 건설했지. 그리고 이 도시들과 상거래를 하며 유대를 강화했어. 그래서 지중해 전역에 걸친 거대한 무역망이 형성되어 국제 거래가 이루어졌어.

칭기즈 칸

13~14세기에는 유라시아 대륙을 정복한 칭기즈 칸의 몽골 제국(원나라)이 국제 거래의 주역으로 등장했어. 유럽과 아시아의 여러 지역을 정벌한 몽골은 이 지역에 교역망을 만들었어. 그래서 국제 거래가 이루어졌지. 그 후 원나라가 중앙아시아까지 통치 지역을 넓히면서 교역망은 더욱 확대되었어. 특히 원나라는 북방 교역로를 통한 장거리 무역 활동을 장려했다고 해.

15~16세기에는 이른바 '대항해 시대'가 열리며 세계의 모습이 바뀌었어. 1492년, 콜럼버스가 아메리카 대륙

콜럼버스

을 발견한 다음부터야. 아메리카의 설탕·담배·감자·토마토·고추·옥수수 등이 유럽으로 전해지고, 유럽의 밀·보리·커피·콩·말·양·닭 등이 아메리카로 전해지며 국제 거래가 활기를 띠었어.

18~19세기는 산업화 경쟁이 시작된 시기였지. 산업화 경쟁은 국제 거래를 더욱 활발하게 만들었어. 산업 혁명에 성공한 영국을 시작으로 유럽 여러 나라에 공업화 경쟁이 시작되었어. 이에 따라 생산력이 늘어나고, 세계 여러 나라 사이의 교류도 크게 확대되었지. 특히 서구의 강대국은 원료를 공급받고 상품을 판매할 수 있는 시장으로 아시아와 아프리카 국가를 개척하기 시작했어.

국제 거래는 이처럼 먼 옛날부터 시작되었단다. 그리고 교통과 통신망이 더욱 발달한 오늘날은 세계가 하나의 커다란 시장으로 변해 가고 있어.

산업 혁명 당시 영국의 공장

을 수입하고 있어. 반도체와 섬유를 모두 우리나라에서 생산하는 것보다, 반도체를 많이 생산해서 수출하고 그 돈으로 섬유를 사 오는 편의 이익이 더 높거든. 이 경우에는 반도체가 섬유보다 비교 우위에 있는 상품이라고 할 수 있지.

이처럼 세계 여러 나라는 자기 나라에 경쟁력이 있는 재화를 집중적으로 생산해서 수출하고, 자기 나라에서 생산하는 것보다 국제 거래를 통해 사오는 것이 더 이익인 재화를 수입해서 사용하고 있어. 이런 방법으로 각 나라에서 가지고 있는 자원의 차이를 극복하고, 경제적으로도 더 많은 이익을 얻고 있지.

어떠니? 이만하면 국제 거래는 무엇인지, 왜 이루어지게 되었는지 이해하겠니?

환율과 국제 수지를 알아볼까?

국제 거래를 할 때는 자기 나라 화폐를 외국 화폐와 교환해야 하는데, 이때의 교환 비율을 환율이라 한다고 이야기했지?

바꿔 말하면 환율은 '외국 돈의 가치'라고 할 수 있어. 미국 돈 1달러의 환율이 1,100원이라면, 미국 돈 1달러의 가치가 우리 돈 1,100원에 해당한다는 이야기야. 그러니까 미국 돈 10달러를 사려면 우리 돈 1만 1,000원이 있어야 되지.

국제 거래에서는 일반적으로 미국 돈인 달러를 사용하고 있어. 그래서 대부분의 나라는 미국 돈 1달러가 자기 나라 돈으로 얼마에 교환되느냐를 환율의 기준으로 정하고 있지. 그리고 환율도 일반 상품과 마찬가지로 수요와 공급의 법칙에 따라 결정되고 있어.

상품 수입, 우리나라 사람의 해외여행, 유학, 외국 투자 등으로 외화(외국 돈)의 수요가 늘어나면 환율이 올라가. 우리나라 돈의 가치가 떨어진다는 이야기야. 반대로 상품 수출, 우리나라에 대한 외국인의 투자, 차관 도입 등으로 외화의 공급이 늘어나면 환율은 떨어지지.

그럼 오르락내리락하는 환율 변화는 우리나라 경제에 어떤 영향을 미칠까?

환율이 오르면 수출하는 데 유리해져. 환율이 오른다는 것은 우리나라 화폐의 가치가 떨어진다는 뜻이거든. 그러니까 외화로 표시되는 수출품의 가격도 내려가게 되지. 따라서 다른 나라의 경쟁 상품과 비교해도 가격이 싸고, 이 때문에 경쟁력을 가질 수 있어.

그리고 외국인 관광객도 늘어나. 우리나라에 와서 외국 돈을 우리나라 돈으로 바꿀 때, 받을 수 있는 돈의 액수가 많아지기 때문이야. 환율이 1,000원일 때는 10달러로 바꿀 수 있는 우리나라 돈은 1만 원이야. 하지만 환율이 1,200원으로 오르면 10달러에 1만 2,000원을 받을 수 있어. 곧 같은 10달러에 2,000원이 더 생기는 거야.

그러나 수입품의 가격은 올라가게 돼. 우리나라 돈의 가치가 떨어져서 수입 상품에 더 많은 돈을 지불해야 하기 때문이지. 그렇게 되면 석유 등 대부분의 자원과 많은 원자재를 수입에 의존하고 있는 우리나라로서는 물가가 오르는 부담을 안게 되지. 또 외국에서 빌려 온 돈을 갚을 때도 갚아야 하는 액수가 늘어나고.

반대로 환율이 떨어지면 수입 상품의 가격이 떨어지고 외국에서 빌려 온 돈을 갚을 때의 부담도 줄어들어. 그렇지만 수출 상품의 가격이 비싸져서 수출이 줄어들게 돼.

차관 도입이란 무엇일까?

뉴스를 보면 때때로 '차관'이란 말이 나오곤 해. 차관은 국가나 기업이 외국에서 막대한 돈을 빌리는 것 혹은 그 돈 자체를 뜻하는 말이야. 도입은 무언가를 들여온다는 뜻이지. 곧 '차관 도입'이란 정부나 기업이 외국의 정부나 기업에게 큰돈을 빌려 오는 것을 의미한단다.

수출이 줄어들면 우리나라 기업의 생산도 줄어들 수밖에 없고, 이에 따라 일자리도 줄어들게 돼서 경제 성장을 가로막는 원인이 되지. 따라서 환율은 경제 상황을 알맞게 반영해서 안정적으로 유지·변화하는 것이 바람직해.

이번에는 '국제 수지'를 알아볼까?

국제 거래를 할 때 외국에 상품을 수출하면 대금을 받고, 수입을 하면 대금을 지불하지. 이처럼 일정한 기간 동안 국제 거래를 할 때, 외국에서 받은 외화와 지불한 외화의 차액을 국제 수지라고 해.

국제 수지는 크게 '경상 수지'와 '자본 수지'로 나눌 수 있어.

경상 수지는 재화와 서비스의 수출과 수입에서 발생하는 거래의 차액을 말해. 이때 수출에서 번 돈이 수입으로 지출한 돈보다 많을 때는 '흑자', 그 반대의 경우는 '적자'라고 하지.

또 나라 사이의 노동이나 자본의 거래에서 발생한 임금·이자·배당금 등의 거래 차액, 그리고 기부금이나 정부의 무상 원조 등 나라 사이에 대가 없이 주고받은 거래의 차액도 경상 수지에 포함돼.

자본 수지는 외국에 회사 설립, 외국 주식 투자, 특허권 거래 등 나라와 나라 사이의 자본 이동을 나타내. 자본 거래의 결과,

나라 안으로 들어온 돈이 외국으로 빠져나간 돈보다 많을 때는 흑자, 적을 때는 적자가 되지.

그럼 어떤 것이 바람직한 국제 수지일까?

수출이 잘돼서 국제 수지가 흑자를 기록하면 생산과 일자리가 늘어나서 국민 소득도 많아져. 그러나 흑자가 계속되면 수입으로 늘어난 돈 때문에 돈이 너무 많이 풀려서 인플레이션이 될 수 있어.

또 우리나라는 흑자가 나지만 그 때문에 적자가 많이 난 상대국은 불만을 가지게 돼서 무역 마찰을 일으킬 수도 있어.

반대로 국제 수지의 적자가 계속되면 기업의 생산이 줄고 실업자도 늘어나 국민소득이 줄어들게 되므로 경제가 불안해지지. 또 외국에 빚을 졌다면 그 빚도 더욱 늘어나서 갚는 데에도 큰 부담을 가지게 돼.

따라서 경제 성장과 물가 안정을 위해서는 국제 수지가 균형을 이루는 것이 바람직한 일이란다.

세계가 작아지다

'세계화'라는 말, 들어 봤지? 신문이나 텔레비전 뉴스에 흔히 나오는 말이잖아. 그런데 세계화가 뭐지?

세계화는 정치·경제·사회·문화 등 여러 분야에서 세계가 하나의 나라가 된 것처럼 이런저런 장벽이 없어지고 교류가 활발해지는 것을 말해. 특히 경제 분야에서는 나라와 나라 사이에 재화·서비스·자본·노동 같은 생산 요소의 이동이 자유로워져서 국경을 뛰어넘어 하나의 시장으로 통합되어 가는 것, 이것을 세계화라고 말해.

우리 식탁에 외국에서 수입한 식품이 자주 오르고, 가전제품부터 학용품까지 외국 물건을 사용하는 일도 흔해졌잖아? 또 우리나라 기업이 외국에 투자하거나, 외국 노동자가 우리나라에 와서 일하는 것도 많이 볼 수 있어. 이런 것이 모두 세계화를 말해 주는 현상이지.

세계화가 되면서 소비자는 전 세계의 값싸고 다양한 상품을 자유롭게 선택해서 사용할 수 있게 되었어. 또 기업도 나라 사이의 경계를 뛰어넘고 서로 협력해서 값싸고 품질 좋은 재화와 서비스를 생산하고, 이것을 세계의 더 많은 소비자에게 판매해서 더 많은 이익을 남기게 되었지.

그러나 세계화는 여러 나라가 서로에게 더 많이 의존하게 만들었어. 미국에서 옥수수 농사가 잘 안 되는 바람에 옥수수 생산량이 줄었다면 우리나라는 어떤 영향을 받을까? 우리나라는 옥수수를 수입해서 사료의 원료로 사용하기 때문에, 사료값이 올라 축산 농가에서 어려움을 겪게 되지.

또 칠레의 포도 농사가 잘됐다면 칠레산 포

미국의 옥수수 농장

세계화를 이끌어 가는 경제 기구들

세계화로 나라와 나라 사이의 정치적·경제적·사회적·문화적 교류가 활발해지면서 우리는 많은 변화를 맞이하게 되었어. 어떤 나라에서 일어난 사건이나 정책이 다른 나라에 크고 작은 영향을 미치게 되는 경우가 잦아졌지. 특히 경제 분야에서 협력의 필요성이 커지면서, 지구촌의 문제에 공동으로 대응하기 위한 국제기구가 활발하게 활동하고 있어.

● **세계 무역 기구(WTO)**

나라와 나라 사이의 무역 장벽을 없애고 자유로운 무역을 확대하기 위해 만든 국제기구야. 따라서 국제 거래를 할 때 지켜야 할 규칙을 정하고, 나라 사이의 무역 마찰을 조정하고 있어.

스위스 제네바에 있는 WTO 사무국

● **경제 협력 개발 기구(OECD)**

세계 경제 문제에 공동으로 대처하기 위해 만든 기구야. 선진국을 중심으로 세계 34개국이 가입되어 있지. 회원국 간의 의견 조정을 통해 세계 경제 문제에 공동으로 대응하고 있어.

● **유럽 연합(EU)**

유럽의 정치적·경제적 통합과 세계 시장의 경쟁력 확보를 위해 만든 기구야. 유럽 국가로만 구성돼 있지.

- **아시아 태평양 경제 협력체 (APEC)**
아시아·태평양 지역의 경제 성장과 협력의 증진을 위해 만든 기구야.

부산에서 열렸던 APEC 회의장

- **동남아시아 국가 연합(ASEAN)**
동남아시아 지역의 정치적·경제적·문화적 공동체야. 각 분야의 협력에 중점을 두고 있어.

- **북아메리카 자유 무역 협정(NAFTA)**
북아메리카 3국(캐나다, 미국, 멕시코)이 관세와 무역 장벽을 없애고, 자유 무역으로 지역 경제를 발전시키자는 뜻에서 체결한 협정이야.

- **남아메리카 국가 연합(UNASUR)**
남아메리카 지역의 브라질, 아르헨티나, 우루과이, 파라과이 등이 자유 무역과 관세 동맹을 통해 유럽 연합 수준의 경제·정치 공동체 건설을 목표로 만든 기구란다.

이 기구들은 여러 나라가 모여 만든 것이지만, 이외에도 나라와 나라 사이에 맺는 '자유 무역 협정(FTA)'이라는 것이 있어. 자유 무역 협정은 협정을 맺은 두 나라가 재화와 서비스를 거래할 때 무역 장벽을 없애기 위해 체결하는 거야.

칠레산 포도

도를 값싸게 수입할 수 있어. 우리나라의 소비자는 맛 좋은 포도를 싼값에 사 먹을 수 있어서 좋지만, 포도 농사를 짓는 농가는 타격을 받게 되지. 이처럼 우리는 세계화로 과거보다 나라와 나라 사이에 더 많이 협력하고 의존해야 되는 작아진 세계에서 살게 되었어.

아울러 경쟁도 더욱 치열해졌지. 경쟁 상대가 나라 안뿐 아니라 전 세계로 확대됐기 때문이야. 기업은 우수한 제품을 개발해서 값싸게 공급해야 하고, 그래야만 세계 시장의 치열한 경쟁 속에서 살아남기 위한 경쟁력을 가질 수 있어. 그래서 싼 인건비 등 생산 활동에 조건이 유리한 지역을 찾아 세계 곳곳으로 진출하고 있어.

만일 기업이 경쟁력을 갖추지 못해 경쟁에서 뒤진다면 그 기업에 종사하는 노동자들은 일자리를 잃게 돼. 이것은 개인에게 어려움을 줄 뿐 아니라 국가 경제를 불안하게 할 수 있어. 이 역시 세계화의 두 얼굴이야.

세계화와 다국적 기업

우리가 사용하는 제품 가운데는 상품의 디자인과 생산이 각각 다른 나라에서 이루어지는 것이 많이 있어. 'A'라는 휴대 전화를 예로 들어 볼까?

A는 미국 캘리포니아에 본사를 둔 회사에서 기획하고 디자인했어. 그러나 휴대 전화를 만드는 데 사용한 부품은 한국에서 일곱 개, 미국에서 다섯 개, 유럽에서 세 개, 일본에서 한 개를 생산했지. 이 열여섯 개의 부품은 임금이 싼 중국으로 운송돼. 그리고 이곳 공장에서 조립하여 A라는 완성된 휴대 전화를 생산하는 거야.

　이처럼 세계 여러 나라에서 제품의 기획, 생산, 판매 등을 나누어 활동하는 기업을 '다국적 기업'이라고 해. 경제가 세계화되면서 세계 여러 나라에 지사와 생산 공장 등을 두고, 국경을 넘어 세계적인 규모로 생산과 판매 활동을 하는 다국적 기업이 크게 늘어나고 있지.

　그럼 다국적 기업이 늘어나고 있는 까닭은 무엇일까? 단순히 교통과 통신이 발달하고 세계가 좁아져 하나 되고 있다는 이야기에, 유행처럼 이 나라 저 나라에서 생산 활동을 하는 것일까?

　다국적 기업은 한 나라에서 모든 활동이 이루어지는 기업에 비해 세계의 다양한 생산 요소를 유리하게 활용할 수 있는 장점이 있어. 생산 공장은 인건비가 낮은 지역에, 본사나 연구소는 우수한 인력을 모으기 쉬운 곳에, 원자재 구입이나 판매 활동은 원자재를 싼값에 구입할 수 있는 곳과 판매 활동이 유리한 곳에 지사를 설치하고, 그 이점을 살려 회사를 경영한다는 이야기야.

다국적 기업의 본사와 연구소는 주로 선진국에 자리 잡고 있어. 높은 수준의 기술을 갖춘 고급 인력이 많고, 교통과 통신 시설도 잘 갖추어졌기 때문이지. 그리고 생산 공장은 개발 도상국에 있는 경우가 많아. 왜냐하면 선진국보다 상대적으로 값싼 노동력이 풍부하거든.

또 다국적 기업은 그 기업이 활동하고 있는 지역에 많은 변화를 가져와. 본사가 위치한 선진국의 도시에는 고급 인력이 모여들고 금융 시설도 자리 잡아 더욱 발전하게 되지. 공장이 들어서는 곳에는 새로운 투자 자본이 들어오고 일자리도 생겨 지역 경제가 발전하게 돼. 뿐만 아니라 앞선 기술 등도 이전받을 수 있어. 그러나 같은 지역에서 비슷한 상품을 생산하던 기업은 피해를 보게 돼. 자본의 규모나 기술력 면에서 다국적 기업의 경쟁 상대가 될 수 없기 때문이야.

공장이 다른 곳으로 옮겨 갈 경우에도 지역 경제는 큰 타격을 입게 돼. 대규모 실업 사태가 일어나기 때문이야. 뿐만 아니라 투자한 나라에서 벌어들인 이익금의 대부분을 다국적 기업의 본사가 있는 곳으로 가져가면, 투자 지역의 경제는 더 어려워질 수도 있어.

농업에 불어닥친 세계화의 바람

언뜻 생각하면 농업은 세계화와 한참 거리가 있는 업종처럼 여겨지지 않니? 예전에는 '농사를 짓는다.'고 하면 가족끼리 농산물을 생산해서 자급자족하는 정도였고, 그 후에도 일꾼(임금 노동자)을 고용해서 농작물을 생산해 시장에 내다 파는 정도가 농업의 일반적인 형태였으니까.

그러나 세계화는 농업 분야에도 커다란 변화의 바람을 몰고 왔어. 선진국을 중심으로 대규모 '기업농'이 등장했기 때문이야. 많은 자본과 기술을 쏟아부어 대량으로 농작물을 재배하는 농사 방식을 기업농이라고 해.

　기업농은 생산량을 늘리기 위해 다수확 품종을 개발하고, 화학 비료와 농약의 사용도 더 많이 하고 있어. 또 농사를 짓는 데 각종 기계를 사용하면서 농업의 기계화가 이루어졌지.

　대규모 농업 회사는 농작물을 대규모로 생산할 뿐 아니라, 수확한 농작물을 가공해서 판매하는 등 농업의 전 과정을 어우르는 경우가 많아. 그래서 세계의 농산물 가격과 가공식품 가격에 많은 영향을 미치게 되었지.

　농업의 세계화가 빠르게 진행되면서 세계 여러 곳에서는 특정 작물을 집중적으로 대량 재배하는 경우가 많아졌어. 여러 작물을 재배하는 것보다 한두 종류의 작물을 집중적으로 생산하는 편이 농사짓기도 쉽고, 더 많은 이익을 남길 수 있거든.

　우리나라 기업도 이러한 농업의 세계화에 팔을 걷어붙이고 있단다.

한 대기업은 2009년과 2011년, 러시아의 연해주에 여의도 면적 23배 정도의 대규모 농장을 만들었어. 지평선이 끝없이 이어지는 엄청난 크기의 농장이지. 그리고 이곳에서 콩, 옥수수, 밀, 귀리 등을 생산해서 외국에 팔거나 우리나라로 들여오고 있어.

또 농산물 유통 회사 등은 식량 확보를 위한 외국 농장 개척에 나섰어. 미국에 농업 회사를 세운 대기업도 있고, 인도네시아와 캄보디아에 대규모 농장을 만든 기업도 있단다.

농업의 세계화와 기업화는 소비 생활에도 큰 변화를 가져왔어. 생산 조건이 유리한 세계 여러 지역에서 여러 종류의 농산물을 대량 생산하면서, 소비자는 여러 농산물을 쉽고 값싸게 살 수 있게 되었거든. 대형 슈퍼마켓에 가 보면 예전에는 보기도 힘들었던 외국산 농산물을 값싸게 얼마든지 살 수 있는 세상이 되었지 않니?

그러나 농업의 세계화와 기업화에서 비롯되는 피해도 없지 않아. 기업농보다 자본과 기술이 부족한 소규모 농가는 경쟁에 뒤져 어려움을 겪게 되었지. 또 농산물을 주로 수입에 의존하는 나라는 식량의 자급률이 더욱 떨어지게 되었어. 식량의 자급률이 떨어진다는 것은 나라 경제에도 큰 부담으로 작용할 수 있는 일이야. 전쟁 등 지역 간의 분쟁이 일어나 농산물 수입이 막힐 경우, 당장 식량난을 겪게 되니까.

행복한 지구촌을 위해서

환율은 나라마다 다르지. 이는 곧 1달러의 가치가 나라마다 다르다는 이야기야. 그래서 우리나라에서는 1달러에 사던 물건을 일본이나 다른 나라에서는 1달러에 살 수 없는 경우가 생겨. 이런 일은 세계 여러 나라를 여행하다 보면 흔히 경험할 수 있지.

이처럼 나라마다 1달러의 가치가 달라지는 것은 경제 수준이 다르기 때문이야. 나라마다 산업이 발달한 정도가 다르고 생활 수준도 차이가 있지. 이런 차이를 '경제 격차'라고 불러.

또 경제 격차는 기후와 지형 같은 자연환경 그리고 인구나 교육 수준 등의 차이에서 비롯되기도 해. 세계화가 확산되면서 여러 나라 사이의 경제 경차는 더욱 커지는 경향을 보이고 있어.

나라 사이의 경제 격차가 커지는 이유는 무엇일까? 그건 세계화로 세계 전체의 경제 수준은 점점 높아지고 있지만, 여러 나라 사이의 경쟁이 치열해지면서 경쟁력을 갖추지 못한 나라는 오히려 경제 발전에 뒤떨어지고 있기 때문이야.

세계화로 높은 이익을 남길 수 있는 첨단 산업과 다국적 기업의 본사 그리고 금융 서비스 등은 주로 선진국에 위치하고 있어. 반면 값싼 노동력을 이용하는 제조업과 농업 분야 등은 개발 도상국의 몫이 되었고. 이른바 '경제의 분업화 현상' 나타나고 있는 거야.

경제의 분업화 현상으로 세계 경제의 중심지인 선진국에 자본이 몰리면서, 잘사는 나라는 더욱 잘살고 못사는 나라는 점점 못사는 경제 격차가 더욱 커지고 있어. 이른바 '경제적 불평등'이 일어나고 있는 거야.

우리가 살고 있는 이 세계를 흔히 지구촌이라고 하잖아. 교통 및 통신 수단의 발달로 세계화가 진행되면서 지구가 하나의 마을처럼 좁아졌다는 이야기야.

하나의 마을에 더불어 살면서 누구는 잘살고 누구는 못산다

는 것이 괜찮은 일일까? 더군다나 잘살고 못사는 차이가 더욱 커지고 있는데?

이 문제는 온 인류가 더불어 잘 사는 행복한 지구촌을 만들기 위해 반드시 힘써 해결해 나가야 할 문제란다. 세계 여러 나라 사이의 경제 격차 같은 경제적 불평등은 전쟁과 질병 등 온갖 불행의 씨앗이 될 수 있어. 그래서 지구촌 전체를 불행하게 만들 수 있지.

그럼 행복한 지구촌을 만들려면 어떤 노력을 해야 할까?

지구촌의 경제적 불평등을 해결하려면 무엇보다 나라와 나라 사이의 협력이 필요해. 경제적으로 뒤져 있는 개발 도상국은 스스로의 노력만으로 경제 발전을 이룩하는 데 한계가 있지. 자본과 우수한 기술, 고급 인력이 부족하기 때문이야. 그러므로 선진국은 이런 분야에서 개발 도상국을 적극 지원하고, 개발 도상국이 발전할 수 있도록 협력해야 돼.

지금 세계에는 지구촌의 경제적 불평등을 해소하기 위해 노력하고 있는 여러 기구가 있어. 바로 국제 통화 기금(IMF), 국제 부흥 개발 은행(IBRD), 경제 협력 개발 기구 등이야.

공정 무역 초콜릿과 카카오

또 기업이나 개인 차원의 노력도 이루어지고 있지. 대표적인 본보기가 '공정 무역'이야.

공정 무역은 저개발 국가에서 생산되는 제품에 정당한 가격을 지불하고 구입함으로써, 생산자에게 무역의 혜택이 돌아가도록 하자는 운동이야. 공정 무역은 생산자의 빈곤을 덜어 주고 자립을 돕기 위해 진행되고 있지. 아울러 경제적으로 소외받고 있는 생산자의 경영 능력을 키우고, 새로운 시장을 개척할 수 있는 기회를 제공해 준다는 목적도 있어.

또 공정 무역으로 거래되는 제품은 생산자가 안전하고 건강

공정 무역 커피

한 노동 환경에서 생산에 참여하고, 보다 환경 친화적인 제품을 생산하도록 돕고 있어. 따라서 어린 나이에 고된 노동을 하느라 건강과 안전을 위협받고, 교육받을 권리와 뛰어놀 권리 등을 빼앗긴 어린이들이 생산한 제품은 공정 무역 거래 대상에서 제외하고 있단다.

  이러한 노력은 국제기구에서 하고 있는 일 못지않게 세계의 경제적 불평등을 해소하는 데 긍정적인 역할을 하리라 기대할 수 있어. 세계 공정 무역 기구(WFTO)는 매년 5월 둘째 주 토요일을 '세계 공정 무역의 날'로 정해 기념하고 있지.

지구는 하나의 커다란 마을!

이 마을의 가족인 인류가 평등하게 잘 살 수 있도록 만들기 위한 여러 노력은 앞으로도 계속될 거야. 그리고 우리가 거기에 한 줌 힘을 보태기 위해 할 수 있는 일은 무엇이 있을까 생각해 보면 좋겠어.